AF495165

FACULTÉ DE DROIT DE PARIS.

THÈSE

POUR LE DOCTORAT

PAR

PIERRE-CHRISTIAN-GASTON CHATINIÈRES.

VERSAILLES

BEAU JNE, IMPRIMEUR-ÉDITEUR

RUE DE L'ORANGERIE, 36.

1868

FACULTÉ DE DROIT DE PARIS.

THÈSE
POUR LE DOCTORAT

L'acte public sur les matières ci-après sera présenté et soutenu
Le jeudi 2 juillet 1868, à midi,

PAR

PIERRE-CHRISTIAN-GASTON CHATINIÈRES
Né à Castelsarrazin (Tarn-et-Garonne).

DU BAIL A LOYER & DU PRIVILÉGE DU BAILLEUR
EN DROIT ROMAIN ET EN DROIT FRANÇAIS.

Président : M. E. MACHELARD, professeur.

SUFFRAGANTS : MM. COLMET DAAGE, COLMET DE SANTERRE, BUFNOIR, Professeurs.
GIDE, Agrégé.

Le Candidat répondra en outre aux questions qui lui seront faites sur les autres matières de l'enseignement.

VERSAILLES
IMPRIMERIE DE BEAU JEUNE,
Rue de l'Orangerie, 36.

1868

INTRODUCTION

Le bail à loyer est une des formes du contrat de louage ; c'est un louage dont l'objet est la jouissance d'une maison, d'un *prœdium urbanum*. — On donne le même nom au louage des meubles et animaux, mais nous ne traiterons pas cette application particulière du louage.

Le bail à loyer ne fut guère connu des Romains des premiers âges. Chaque famille avait sa demeure et l'occupait toute entière ; le citoyen mettait son orgueil à loger chez lui, dans sa maison, et c'était là en effet une des conditions principales de sa considération et de son indépendance. A ce sentiment naturel se joignaient des considérations religieuses. Les Romains avaient fait du foyer une divinité attachée à la famille, et dont l'origine se rattachait probablement au culte des mânes ; divinité redoutée, qui ne souffrait pas que l'on négligeât son culte, comme si le principal objet de la religion était de perpétuer chez les descendants le souvenir des ancêtres et la garde de leurs tombeaux. Chaque famille avait sa divinité tutélaire, et, reproduisant dans sa foi religieuse ses rivalités et ses haines, elle avait fait de son Dieu l'ennemi de tous les autres. Aussi ne fallait-il pas songer à les asseoir sous le même toit; la loi allait jusqu'à prohiber la mitoyenneté, et ordonnait qu'un espace libre, d'au moins deux pieds et demi, séparât les maisons entre elles. Mais le temps fit justice de ces rivalités superstitieuses, et la religion sut se plier aux nécessités nouvelles (1).

En même temps Rome se transformait et les maisons étaient devenues trop vastes pour une seule famille.— La clientèle s'était développée, comme se développa plus tard le servage; les faibles avaient senti le besoin d'un protecteur et ils s'étaient attachés à un grand et à sa fortune. Les étages supérieurs de la maison du patron, dits *cœnacula*, furent abandonnés aux clients pauvres, qui payèrent une redevance (*cœnaculum facere*). Plus tard, lorsque naquirent le goût du luxe, et, en même temps, les besoins pécuniaires, le propriétaire s'aperçut qu'il avait entre les mains une source de revenus; il l'exploita. Le contrat ainsi formé n'eut d'abord d'autre règle que les stipulations des parties; mais peu à peu des coutumes se formèrent, les jurisconsultes intervinrent, et, de l'usage, ils firent la loi.

Le bail à loyer a toujours conservé le caractère qu'il

---

(1) Fœstus, v° *Ambitus*. Fustel de Coulanges, *La cité antique*.

reçut des jurisconsultes romains ; il est resté un contrat productif d'obligations, attribuant au preneur une simple créance de jouissance. La propriété s'est modifiée ; le bail à ferme a subi mille transformations diverses. La culture par esclaves, pratiquée par les Romains, a été graduellement abandonnée lorsque l'Église s'est mise à proscrire l'esclavage. D'ailleurs les guerriers francs, les seigneurs féodaux, propriétaires de vastes provinces, n'avaient ni le goût ni le loisir d'exercer la surveillance que nécessite ce mode d'exploitation. Le servage s'est organisé, et, intéressant le serf à la production, comme il l'associait à la culture, il a dispensé le propriétaire de surveillance. Chaque pays a eu sa coutume ; chaque fraction de province a imaginé une forme particulière de fermage. — Le bail à loyer a traversé presque intact le moyen âge ; il est resté ce qu'il était à Rome, et, au moins quant au principe, tel à peu près qu'il est de nos jours.

Mais si la législation actuelle a respecté le caractère du contrat, elle lui a appliqué certaines règles d'ordinaire exclusivement réservées aux droits réels. Tel est l'art. 1743 du Code Napoléon qui impose le bail au successeur particulier ; telle est surtout la loi de 1855 (art. 2 et 3), qui traite comme des droits réels les baux de plus de dix-huit ans, les soumet à un régime de publicité, et, pour la période qui suit les dix-huit ans, fait de la transcription la condition d'efficacité de l'art. 1743.

Mais la partie la plus intéressante du sujet est celle qui a trait au privilége du bailleur. Dans ces derniers temps surtout, avec les développements qu'ont pris l'industrie et le commerce, les baux de longue durée se sont généralisés ; avec les grands mouvements commerciaux, les faillites sont devenues fréquentes. Il est intéressant d'étudier quel sort la loi a fait au bailleur dans ce conflit d'intérêts. La loi l'a protégé, comme elle le devait, lui a donné des garanties nombreuses contre l'insolvabilité de son débiteur ; et elle a sagement agi, parce que, en protégeant le bailleur, elle a augmenté le crédit des locataires. Mais la Cour de Cassation est venue, et cette garantie déjà énorme, elle l'a rendue exorbitante ; sans souci des vrais principes du droit, des protestations des diverses cours impériales, elle a exagéré l'idée excellente des législateurs, et a abouti à la nécessité d'une réforme.

Nous diviserons nos études sur le bail à loyer en trois chapitres. Le premier traitera de la nature, du caractère et des éléments essentiels de ce contrat. Le deuxième des obligations des parties, de la tacite reconduction et de la sous-location. Le troisième des garanties du bail et de l'hypothèque sur meubles que la loi accorde au bailleur. Nous terminerons par un aperçu des actions qui naissent du bail à loyer ou à son occasion.

DROIT ROMAIN.

DU BAIL A LOYER & DU PRIVILÉGE DU BAILLEUR.

CHAPITRE I.

Nature, — Caractère, — Eléments essentiels du bail à loyer.

Le bail à loyer est un contrat purement consensuel par lequel l'une des parties, appelée *locator* ou bailleur, s'oblige à procurer à l'autre, appelée *conductor* ou locataire, la jouissance temporaire de tout ou partie d'un *prœdium urbanum*, en échange d'une *merces*, ou somme d'argent, qui doit être payée par le locataire.

C'est un contrat purement consensuel, c'est-à-dire qu'il suffit que les parties soient d'accord sur les éléments essentiels du contrat, pour que de cet accord naissent des obligations reciproques, sans qu'aucune forme de consentement soit requise (L. 24 Cod. *de Loc. Conduct.*). — C'est en outre un contrat synallagmatique et commutatif, produisant des obligations réciproques et corrélatives ayant pour objet, d'une part, des prestations en argent, de l'autre, des prestations de jouissance (Gaïus III. 137).

Section I. — Des Éléments essentiels au bail.

Ils sont au nombre de trois : 1° Un consentement valable ; — 2° un objet licite et certain ; — 3° un prix déterminé.

§ I. — *Consentement.*

Il doit, pour valoir, être librement donné par une personne capable ; exempt d'erreur, de dol, de violence ; il doit enfin, pour les deux parties, porter sur le même objet, le même prix et le même contrat. Il importe peu d'ailleurs que le bail soit verbal ou écrit ; toute forme donnée au consentement est indifférente ; la tradition même n'ajoute rien au lien de droit. Longtemps cependant on exigea la présence des parties et l'on refusa toute action au bail passé *inter absentes* au moyen d'un *nuncius* ou porteur de paroles (Gaïus III. 135-136). Justinien fit tomber cette dernière prohibition (Inst. § 2 *de Except.*). — Il ne faudrait pas confondre le *nuncius* avec le *procurator* ou mandataire. Le premier, porteur de l'offre ou de l'acceptation de l'une des parties, remplissait le rôle d'une lettre que transmet la poste, et ne s'obligeait pas davantage ; le mandataire s'obligeait au contraire, car on sait qu'à Rome il ne s'identifia jamais parfaitement avec son mandant. (L. II *de Oblig. et Act.* Dig.).

Il peut arriver que l'accord sur le prix n'existe pas et que néanmoins le contrat soit valable. C'est lorsque le débiteur promet plus que ne demande le créancier. Le propriétaire demande cinq, et le locataire promet six, par erreur ou autrement ; le contrat est valable, car six comprenant cinq, les parties s'accordent sur ce dernier chiffre (L. 52 D. *Loc. Cond.*).

§ II. — *Objet.*

L'objet du bail à loyer est la jouissance d'un *prædium urbanum*. L'immeuble, auquel le droit s'applique, doit être suffisamment déterminé pour que le bailleur ne puisse pas se libérer par des prestations illusoires. De plus, il doit être licite, c'est-à-dire qu'il faut que la loi le laisse dans le commerce, et qu'elle n'en prohibe pas la location. Ainsi les servitudes réelles ne peuvent être louées, tandis que les servitudes personnelles le peuvent. La raison en est que les servitudes réelles sont organisées au profit d'un fonds ou d'un édifice, que la loi les en déclare inséparables, peut-être parce qu'elles seraient sans utilité pour tout autre que le propriétaire du fonds dominant, et que ce propriétaire ne peut en disposer qu'en disposant du fonds lui-même. Au contraire les servitudes personnelles, l'usufruit du moins et l'habitation, ne sont pas liées à la personne et, dès lors, peuvent être vendues et louées. — Toutefois, on doit excepter de cette règle le droit d'usage, attaché à la personne de l'usager, parce que, n'ayant d'autre limite que ses besoins, une substitution de personne modifierait le droit lui-même.

On ne peut être locataire de sa propre chose (L. 45 D. *de Reg. Juris*). Cependant, si les deux parties sont de bonne foi, et si des loyers ont été payés, ils sont fruits perçus de bonne foi, et ne peuvent plus être répétés (L. 20 C. *de Loc. Cond.*). — Le bail de sa propre chose peut valoir quelquefois et produire son plein effet; je veux parler du cas où l'on prend à loyer, de l'usufruitier, l'immeuble dont on est nu-propriétaire.

Peut-on louer la chose d'autrui? Il ne s'agit pas, bien entendu, du cas où le bailleur a pouvoir d'administrer ou mandat spécial à l'effet de louer l'immeuble. C'est, par exemple, un possesseur de bonne foi qui passe bail avec un tiers. Il ne s'est pas présenté comme gérant d'affaires; il a agi en son nom propre, se croyant propriétaire, et l'on demande si sa possession de bonne foi peut valider le bail et le rendre opposable au véritable propriétaire. La solution n'est pas douteuse. Le bail ne produisant que des obligations, ne peut engager que les parties contractantes. Il vaut à leur égard, et son inexécution a pour conséquence un recours en dommages ; mais il ne lie en aucune façon le véritable propriétaire qui peut toujours revendiquer (L. 7 D. *Loc. Cond.*). La solution est donc la même qu'en matière de vente de la chose d'autrui ; car la vente, comme le louage, ne produit à Rome qu'un droit de créance.

§ III. — *Prix.*

Le louage gratuit cesse d'être un louage ; il devient un mandat. « *Locatio donationis causa contrahi non potest* » (L. 20, § 1 *de Loc. Cond.*). — Il faut donc un prix, mais il n'est pas nécessaire qu'il représente exactement la valeur de la jouissance. Il peut être aussi réduit qu'il plaira aux parties de le stipuler, pourvu qu'elles ne soient pas placées dans des conditions où la loi leur défende de se faire des donations ; par exemple entre époux (L. 52 *de Don. int. vir. et ux.* — L. 22 *in fine de Loc. Cond.* Dig.). — Cela veut dire que la lésion, en l'absence de dol, est insuffisante pour faire annuler le bail (L. 23 *de Juris epist.* D.).

Le prix doit être sérieux, c'est-à-dire que l'on refusera les actions *Locati-Conducti* aux parties qui auront caché une donation sous la forme d'un bail à loyer.

Le prix doit être déterminé par la convention, ou du moins il doit pouvoir l'être ultérieurement, soit par un événement prévu, soit par une tierce personne désignée au contrat et sans la participation des parties contractantes. Cette dernière règle ne fut pas admise sans difficulté.

Nous apprenons par les Institutes de Gaius (III, 143) que, dans le cas où le prix devait être postérieurement fixé par un arbitre, ce jurisconsulte décidait qu'il n'y avait pas contrat de louage, mais un contrat innommé donnant lieu à l'action *Præscriptis verbis*. Justinien donna l'action *Locati-Conducti* (Inst., § 1, *de Loc.*) et considéra la clause stipulée comme une condition résolutoire du bail. Il suit de là que, si la personne chargée de la fixation du prix en est empêchée ou s'y refuse, la condition est réalisée et le contrat est résolu rétroactivement.

Le prix du bail doit-il toujours être fourni en argent? N'y aurait-il pas bail à loyer si le locataire promettait une somme déterminée de services en échange de la jouissance qu'on lui procure? — S'il s'agissait d'une vente je répondrais négativement; si le prix n'est pas en argent la vente devient un échange, et les actions *Empti venditi* sont remplacées par l'action *Præscriptis verbis*. Au contraire s'il s'agissait d'un fermage le prix stipulé pourrait être une part des fruits cueillis sur le fonds loué. — A quoi devons-nous assimiler le bail à loyer? Je crois qu'il faut sans hésiter appliquer les règles de la vente. Le contrat de louage est considéré par les jurisconsultes comme une vente de jouissance, et à tout instant ils nous renvoient au titre de la vente pour décider les cas non prévus (L. 2, *Pr. de Loc. Cond.* — L. 1, *de Empt.*

vend. Dig.). Et d'ailleurs il faut bien remarquer qu'en matière de fermage la dérogation ne porte que sur les fruits de l'immeuble loué, mais que le fermier ne pourrait pas se libérer par des services ou prestations d'une autre espèce; en un mot que, s'il ne donne des fruits de l'immeuble, il ne peut donner que de l'argent (Inst., § 2 *de Loc.* —L. 1, § 1 *Depositi.* — L. 5, § 2 *de Præscriptis verbis.* D.).

L'analogie entre la vente et le louage a préoccupé les jurisconsultes ; analogie telle que la distinction devient quelquefois fort difficile, et que, dans certaines espèces, Labeon indécis accordait l'action *Præscriptis verbis* (L. 1, § 1 *de Præscript. verb.*).

Gaius (III, 147) cite une curieuse espèce dans laquelle on ne sait *a priori* de quel contrat il s'agit; il dépend d'une condition d'en déterminer la nature. Un entrepreneur de jeux du cirque a loué des gladiateurs promettant vingt deniers par gladiateur revenu intact de l'arène, mille deniers par gladiateur blessé ou mort. De quel contrat s'agit-il? Cela dépend de l'événement. Les premiers sont loués, les seconds vendus, car la condition de la vente est réalisée. Telle est la solution de Gaius; solution plutôt de fait que de droit et qui n'est qu'une interprétation, fort acceptable, de la volonté des parties. Mais si, au lieu de mille deniers, nous supposons que la promesse soit de deux cents, dans les deux cas le contrat restera un louage ; les deux cents deniers ne pouvant pas être le prix de la vente des gladiateurs blessés ou morts, ils représenteront l'indemnité fixée à forfait pour l'avarie de la chose louée.

Entre le louage et la vente il y avait tant de points de ressemblance, que les Romains s'étaient mis à employer indifféremment les mots de louage et de vente, et qu'ils appelaient le louage une vente de jouissance. C'est là, du moins, l'interprétation que Cujas nous donne des lois 19 et 20 (*de Act. Empt.* D.) ainsi conçues : « ... *Veteres emptione venditioneque in appellationibus promiscue utebantur.* — Idem est *in locatione, conductione.* » Cujas lit « *id est* » car il ne lui paraît pas raisonnable, comme l'ont avancé certains commentateurs, que l'on appelle achat une vente et réciproquement. Il appuie son interprétation sur un passage de Fœstus qui nous apprend qu'autrefois on appelait vente la location du Cens.

Ces deux contrats, si analogues, se trouvaient quelquefois réunis dans une même opération ; on appliquait alors la règle que le principal emporte l'accessoire, et l'on n'accordait qu'une seule action. Quant à la détermination du contrat principal, c'était une question de fait laissée à l'arbitraire du juge.

Malgré leur similitude, de graves différences séparaient les deux contrats. La vente avait pour but de faire passer à l'acheteur la possession de la chose vendue ; la tradition l'investissait de cette possession, et le payement du prix le rendait propriétaire, si toutefois le vendeur l'avait été avant lui. A partir de ce moment, le rôle des parties était fini et le contrat avait produit tout son effet. Sans doute l'obligation de garantie rendait le vendeur responsable des troubles de droit dont la cause était antérieure à la vente; mais ce n'était là qu'une suite de la délivrance, et, si le bailleur était tenu de garantir, c'est qu'il n'avait livré qu'une possession vicieuse. — Les parties avaient pleinement rempli leurs obligations, et, si un cas fortuit venait à détruire l'objet de la vente, le vendeur gardait le prix, qui lui était acquis définitivement.

Il en est tout autrement dans le bail à loyer. L'obligation de chacune des parties est collective, et se peut décomposer en une série de créances de jouissance et de prix, toutes semblables entre elles, et qui empêchent que le bailleur ait jamais rempli toute son obligation. Le terme n'est dû que si l'on a fourni la jouissance, qui est la condition même de la dette, et, s'il arrive qu'un cas fortuit détruise l'immeuble loué, la jouissance n'étant plus possible, les termes à venir ne sont pas dus.

Une autre différence est dans les règles sur la lésion. Dans une vente d'immeubles, la lésion de plus de moitié subie par le vendeur, et même, suivant certains jurisconsultes, par l'acheteur, donne ouverture à rescision (L. 2 et 8, Code, 4, 44). — Au contraire, la lésion ne peut invalider le contrat de louage, pourvu que les parties soient capables, et que cette lésion ne soit pas le résultat du dol.

On peut ajouter que l'acheteur possède *animo domini* la chose par lui acquise, et que, lorsqu'il a payé le prix, l'usucapion lui en fait acquérir la propriété, si le vendeur n'a pu la lui transmettre. Le locataire ne possède pas en son nom, mais au nom et pour le compte de son bailleur ; il en résulte que sa possession, viciée en son principe, reste précaire entre ses mains et celles de tous ses héritiers, et rend l'usucapion à jamais impossible.

Le bail à loyer a des points de ressemblance avec l'usufruit des *prœdia urbana.* Comme lui il a pour but une jouissance et peut être constitué à terme. Mais il en diffère sous bien des rapports :

1° Pour l'usufruit le terme en peut dépasser la vie de l'usufruitier, tandis que les obligations nées du bail se transmettent aux héritiers des parties.

2° L'usufruit peut être constitué à titre gratuit, *donationis causa,* par legs par exemple. Le loyer ne le peut ; nous avons vu que la gratuité du louage en fait un mandat.

3° Une troisième différence plus importante, et féconde en résultats, c'est que l'usufruitier est investi d'un droit réel, tandis que le locataire n'a qu'une créance de jouissance. De là plusieurs graves conséquences : 1° L'usufruitier peut opposer son droit à tout autre droit réel, acquis postérieurement sur l'immeuble ; le locataire, expulsé par un acheteur, ou tout autre successeur particulier de son bailleur, ne peut que recourir en dommages-intérêts contre son garant. (L. 9, Code, *de Loc. Cond.*) — 2° L'obligation du nu-propriétaire est passive ; il doit laisser jouir l'usufruitier sans être obligé de lui procurer une jouissance; de sorte que, si l'usufruit a été acheté, le prix sera dû alors même que plus tard l'incendie de la maison aura rendu la jouissance impossible. L'obligation du bailleur est une obligation de faire; il doit fournir des prestations de jouissance en échange des prestations en argent qui cessent d'être dues quand vient à cesser la jouissance. L'usufruitier subit donc la perte de la chose, dont le locataire est affranchi, et, si l'on suppose un usufruit payable par annuités ou termes, la perte de la chose, qui libérera le locataire pour l'avenir, laissera à la charge de l'usufruitier, cependant privé de jouissance, les annuités non échues.

4° Le locataire, troublé par un tiers dans sa jouissance, trouve dans son droit réel des armes qui, dans plusieurs circonstances, le dispenseront de recourir au propriétaire : il a une action confessoire et des interdits quasi-possessoires qui lui permettent de défendre seul sa jouissance. Le locataire n'est qu'un créancier qui ne peut se défendre que par le propriétaire.

CHAPITRE II.

Obligations qui naissent du bail à loyer.

Le bail à loyer est un contrat commutatif et synallagmatique qui produit, pour chacun des contractants des obligations de faire ayant pour objet, d'une part, des prestations en argent, de l'autre des prestations de jouissance. Ces obligations sont corrélatives, de sorte que le propriétaire ne peut exiger le paiement du terme à échoir, si la continuation de jouissance est devenue impossible; de même qu'il ne doit pas la jouissance si l'insolvabilité du locataire, ou la destruction de ses meubles, garantie du bailleur, rendent impossible ou improbable le paiement.

Section I.

§ I. — *Des Obligations du locataire.*

1. Le locataire doit payer le prix convenu lorsque le bailleur l'a mis en mesure d'occuper la maison louée, ou d'en user suivant la convention, encore qu'il n'en ait pas profité (L. 55, *De Loc. Cond.*). — Le locataire ne peut donc pas, s'il y a un bail à terme, en abandonnant la jouissance, se dispenser de payer le prix (L. 24, *id.*). Le prix doit être payé au créancier, au bailleur.

2. Le locataire doit apporter à sa jouissance les soins d'un bon père de famille (L. 11, L. 25, Cod. *de Loc. Cond.*). Sa responsabilité comprend le dol, la faute lourde, et même la faute légère *in abstracto*. La loi 27, § 7 (*Loc. Cond.*) emploie, il est vrai, le superlatif, et semble vouloir faire revivre cette faute très-légère, cause de tant de discordes; mais il est aujourd'hui démontré que ce superlatif, comme ceux que l'on trouve au § 5 des Institutes et dans la loi *Aquilia*, n'ajoute

rien à l'obligation. Les jurisconsultes l'employaient souvent pour le positif dans le seul but de mettre plus en relief leur pensée. — Le locataire répond de sa négligence, du fait dont il n'a pas surveillé les conséquences, et généralement de tout dommage qu'il aurait pu empêcher. Si les objets qu'il a apportés dans la maison, des huiles, des matières explosibles causent un préjudice, il est responsable.

La loi 13, § 7 (*Loc. Cond.* D.) rapporte un curieux exemple dans lequel le locataire, qui s'est enfui devant l'ennemi, est responsable du dégât par lui commis, s'il n'a pas dénoncé sa fuite au propriétaire. Cependant il ne répond pas des cas fortuits, de la force majeure, des dégâts commis par un tiers et qu'il n'a pu empêcher « *Qua enim cura aut diligentia consequi possumus ne aliquis damnum nobis injuria det* » (L. 19, *D. Commodati*).

Le locataire est-il responsable du fait de ses esclaves, des dégradations commises par les personnes qu'il a reçues chez lui? La question était diversement résolue. Dans les deux cas Julien appliquait au locataire les principes de droit commun ; il présumait sa non-culpabilité et ne le rendait responsable qu'autant que l'on avait prouvé sa faute. Le propriétaire devait donc poursuivre directement les auteurs du dégât et obtenir d'eux, s'il était possible, la réparation du dommage ; quant au locataire il n'était tenu de dommages que si l'on prouvait qu'il avait connaissance des habitudes vicieuses des personnes qu'il avait reçues, qu'il avait toléré dans la maison l'exercice d'une industrie dangereuse , etc. (L. 19, D. *Commodati*).

Appliqué aux esclaves le même principe conduisait à d'autres résultats. Le propriétaire ne pouvant pas poursuivre directement l'esclave, auteur du dommage, poursuivait son maître qui, pour se soustraire à la condamnation, abandonnait l'esclave au propriétaire : c'est l'action noxale qui affranchissait le maître de tout recours. L'esclave se trouvait alors dans la position d'un débiteur insolvable, qui devient la propriété d'un créancier, s'il ne trouve pas de vindex.

Ulpien soutenait l'opinion contraire; pour lui le locataire était responsable de plein droit à moins de prouver qu'il n'était pas en faute. Outre l'action contre ses hôtes; outre l'action noxale contre ses esclaves, Ulpien donnait au bailleur, contre le locataire, l'action personnelle *locati* en réparation du dommage, et il ne pouvait dégager sa responsabilité qu'en prouvant que la dégradation ne pouvait lui être attribuée. Ulpien trouvait le locataire en faute d'introduire chez lui des personnes qu'il connaissait mal, des esclaves dont il n'était pas sûr. Enfin, envisageant l'obligation de restituer la maison louée en bon état, comme il était présumé l'avoir reçue, il le considérait comme un débiteur *rei certæ* qui répond des dégradations, à moins de prouver qu'elles se sont produites sans sa faute (L. 41, D. *Loc. Cond.* — Liv. 11, D. *Loc.* — L. 27, § 11, *ad leg. Aquil.*).

De l'Incendie.

De tous les risques courus par le locataire, le plus sérieux et le fréquent c'est l'incendie; il soulève de graves questions de responsabilité.

Pendant les premiers temps de la république les incendies étaient fréquents à Rome, et lorqu'ils étaient allumés, comme on n'avait guère d'obstacles à leur opposer, ils prenaient quelquefois des proportions effrayantes. Rome n'était pas encore la ville de marbre dont parle Auguste; elle s'était agrandie mais sans beaucoup modifier son modèle primitif avec ses rues étroites et ses maisons de bois qui offraient aux flammes un aliment facile. Il est vrai qu'elle avait conservé l'*Ambitus*, cet espace libre de deux pieds et demi dont parle *Fœstus* qui isolait les maisons, et leur avait fait donner le nom d'Insula. Mais cela ne pouvait guère arrêter le mal, et les incendies devenaient tous les jours plus fréquents et plus terribles. (Fœstus, *v° Ambitus.* — Juvenal, *art.* 3 — Tacite, *XV.* 38-43. — Tite-Live, *V.* 55. — Pline, *H. N. L.* 36. ch. 15.).

Une surveillance s'organisa bientôt et fut confiée aux édiles qui s'adjoignirent des *Triumviri* dits *Nocturni*, ayant sous leurs ordres des esclaves publics, (Suétone Auguste 25-30. — Néron 8.— Sénèque, *Ep.* 66. — Strabon, L. V. Ch. 3. § 7).— Plus tard fut créé le *Præfectus Vigilum*, magistrat chargé de la surveillance nocturne et spécialement de la police du feu. Auguste organisa cette magistrature et des inscriptions nous apprennent qu'elle fonctionnait sous Marc-Aurèle, Trajan, Septime-Sévère, et jusques sous Valentinien. (Grüter C. I. p. 61, n°4. — P. 62, n° 2. — P. 269, n° 3. — P. 1086-9-10. — Aurelli Henzen n° 7170 et S.). En même temps Auguste créait sept cohortes de Vigiles, chacune commandée par un Tribun, et chargée de la police de deux régions de ville (Rome en comprenait quatorze) sous la haute direction du *Præfectus*. Le *Præfectus* fut *investi* de juridiction pour les vols, recels commis pendant l'incendie, et surtout contre les incendiaires; juridiction sommaire et sans appel, dans laquelle le *Præfectus* était à la fois magistrat et juge. On exceptait toutefois les délits les plus graves qui passaient sous la juridiction du *Præfectus urbis*. — Malgré toutes ces précautions les incendies étaient nombreux encore, et Néron, peut-être après le fameux incendie de Rome, décida que tout particulier devrait avoir dans sa maison les ustensiles nécessaires pour éteindre le feu. (Tac. *Ann.* 15 43. — Dig. l. 14 *de serv. præd. urb.*)

Les jurisconsultes aussi s'en mêlèrent; pour augmenter la surveillance du locataire ils augmentèrent sa responsabilité; la clause « *ignem ne habeto* » lui défendit d'avoir du feu chez lui, et le rendit responsable de l'incendie si la clause avait été violée. C'était souvent mettre à sa charge le cas fortuit ou la faute d'un voisin; aussi distingua-t-on bientôt le feu innocent du feu dangereux pour ne prohiber que le dernier.

Quelle sera la mesure de la responsabilité du locataire en matière d'incendie ? Il est tenu, avons-nous dit, de la faute légère *in abstracto*, mais il ne répond pas de la force majeure. L'incendie est bien un événement de force majeure, mais il n'exclut pas toujours la faute, l'imprudence du locataire. La responsabilité du locataire est incontestable s'il a méconnu les conditions du bail, violé la clause *ignem ne habeto*, enfermé des pailles, foins, alors que son bail le lui défen dait etc. (L. 9 § 3. — L. 11 § 1. — L. 12. — *De loc. cond.*). Mais, en dehors de ces cas particuliers, quand il n'y a pas de sa part apparence de faute, présumera-t-on le cas fortuit ou la faute du locataire ? Les jurisconsultes n'étaient pas d'accord sur la solution. Les uns présumaient le cas fortuit, s'appuyant sur la loi 51 (*pro socio* D.), qui décide que, dans le doute, nul n'est présumé avoir manqué à ses devoirs. Les autres présumaient la culpabilité du locataire. Ils s'appuyaient sur ces mots de Paul : « *incendium fit plerumque culpa inhabitantium.* » — L. 3 de *Off. Præf. vigil.*) ; sur ce que le bailleur ne peut pas surveiller son locataire, et que le plus souvent il lui sera impossible de prouver sa faute. Enfin ils considéraient le locataire comme un débiteur de corps certain, qui ne pouvait se dispenser de restituer qu'en prouvant qu'il avait péri sans sa faute. Pour obtenir sa libération le locataire avait donc à prouver que sa conduite avait été celle d'un bon administrateur.

L'incendie pouvait avoir été allumé par les esclave

du locataire, les personnes qu'il avait reçues chez lui. Alors se reproduisait entre Ulpien et Julien la controverse dont nous avons parlé plus haut. — Il se pouvait aussi que l'incendie fût le fait de malfaiteurs, d'incendiaires. La même règle était applicable, et le locataire était libéré s'il prouvait qu'il avait apporté tous ses soins à la garde de la chose louée. — La preuve que l'incendie a été allumé par un tiers ne suffisait pas toujours pour dégager sa responsabilité si le propriétaire bailleur prouvait, de son côté, que le locataire avait été négligent et qu'un peu plus de surveillance de sa part eût empêché le mal.

3. La troisième obligation du locataire consiste dans la restitution de la chose louée à la fin du bail. Cette restitution ne pourrait pas être entravée par les prétentions qu'élèverait le locataire sur la propriété de la chose; prétentions ayant pour but d'intervertir sa possession, et de s'y faire maintenir, afin de jouer, dans la revendication, le rôle plus favorable de défendeur. Cette prétention ne repose sur aucun fondement juridique, car le locataire n'a jamais été possesseur; il n'a été que l'instrument de possession du bailleur, son mandataire à l'effet de posséder, et l'expiration du bail mettant fin au mandat, il doit restituer une possession désormais usurpée.

La restitution a pour objet la chose louée, telle qu'elle était au moment du bail, « *non reddita dicitur res quæ deterior redditur* ». Elle doit être rendue en bon état de réparations, car le locataire est présumé l'avoir reçue telle. Cette règle concerne aussi bien l'état de droit que l'état de fait. Si donc le locataire a laissé un tiers s'emparer de la possession et acquérir des droits à y être maintenu ; si, par un non-usage de plus de deux années, il a laissé le propriétaire du fonds servant usucaper la libération de son immeuble, et dépouiller la chose louée d'une servitude, la chose qu'il restituera sera *deterior reddita*, juridiquement amoindrie. De quoi il est responsable. Cette responsabilité suppose cependant une faute, et si la dégradation ou même la destruction de la chose louée ont pour cause un cas fortuit, un événement de force majeure, sur la preuve qu'il en fera, le locataire sera libéré. (L. 9 § 4. *Loc. cond.*)

A Rome, le vol, c'était le détournement de destination. Il résultait de là qu'il pouvait y avoir vol de la possession, et qu'une chose pouvait être volée sans changer de place. Les Sabiniens en avaient conclu qu'on pouvait voler des immeubles, même la possession des immeubles (Gaius, II, 1. — L. 25 pr. — L. 47, tit. 2). Dans cette opinion, plus tard abandonnée, il pouvait arriver qu'on volât sa possession au locataire. Dépouillé, il n'avait pas la revendication, n'étant pas propriétaire, mais il pouvait poursuivre le voleur par l'*actio furti*, et obtenir de lui, à titre de peine, le double ou le quadruple de la valeur volée. Cette indemnité ainsi obtenue doit-elle être comprise dans la restitution ? Gaius, dans la loi 6 (*Loc. Cond.*, D), décide la négative ; il permet au locataire de garder l'indemnité, tandis que, dans les mêmes circonstances, le créancier gagiste la doit restituer à son débiteur. La différence des solutions se justifie aisément. Le créancier une fois payé, il se trouve que le vol du gage ne lui a causé aucun préjudice, car il n'avait pas le droit d'user de la chose dont on lui a volé la possession. Au contraire, le locataire peut se servir de la chose louée; il ne paie que dans ce but; c'est donc à lui que le vol porte préjudice; il est juste qu'il garde l'indemnité.

§ II. — *Obligations du bailleur.*

Les obligations du bailleur ont les mêmes caractères que les obligations correspondantes du locataire : ce sont des obligations de faire, successives et conditionnelles.

1° La première obligation du bailleur consiste à délivrer au locataire la maison ou l'appartement loués en bon état de réparations, de façon qu'il soit en mesure d'en user suivant qu'il a été convenu ou suivant que le font présumer les circonstances.

2° Le bailleur doit aussi entretenir le bail. Cette obligation est double; elle comprend l'entretien de la chose louée, et l'entretien de la jouissance du locataire.

1° Entretenir la chose louée, c'est la maintenir dans un bon état de réparations, afin que le locataire en puisse tirer une jouissance complète. La loi n'indique pas, comme notre Code Napoléon, quelles réparations sont à la charge du bailleur ou du locataire; nous appliquerons les principes de droit commun et les mettrons toutes à la charge du bailleur, à moins qu'il ne prouve qu'elles résultent de la faute du locataire.

2° Entretenir la jouissance du locataire, c'est le mettre à l'abri des troubles. Il en est plusieurs sortes que nous examinerons successivement.

1er cas. — Le trouble a sa cause dans le fait du bailleur.

Par exemple, il a loué comme libre de toutes charges, la chose déjà grevée par lui de servitudes ; ou bien il a vendu tout ou partie de la maison louée sans imposer à l'acheteur la clause toujours sous-entendue en droit français, d'entretenir le bail. Il arrivera alors que le locataire, expulsé par l'acheteur, privé d'une partie de sa jouissance par le propriétaire du fonds dominant, se trouvera troublé par le fait du bailleur. Il pourra alors, dans tous les cas où ce trouble aura quelque importance, et sans distinguer si la cause est antérieure ou postérieure au bail : 1° demander la résolution du bail, c'est-à-dire la décharge de tous les loyers à venir ; 2° réclamer des dommages-intérêts. Le *quantum* de ces dommages-intérêts est déterminé par l'évaluation du préjudice causé. Si donc le locataire a sous-loué pour 60 à Titius ce qu'il avait lui-même loué pour 50, comme la résiliation du bail l'expose à un recours pour 60 de la part de Titius, son bailleur lui devra, à titre de dommages-intérêts, non plus 50, mais 60. Dans cette estimation, on voit que la loi suppose la mauvaise foi du bailleur. C'est qu'en pareil cas la bonne foi est impossible à admettre : il a promis une jouissance, et c'est par lui seul que la jouissance est troublée ou empêchée ; évidemment il n'a pas d'excuse.

2e cas. — La cause du trouble est un cas fortuit ou un événement de force majeure.

Par exemple, une mesure d'utilité publique exproprie le bailleur, fait démolir sa maison ; un incendie communiqué par une maison voisine la consume. Le bail finit incontestablement, faute d'objet, et les parties restent en présence ; quel règlement d'intérêts interviendra ? D'abord, il faut remarquer que dans les cas multiples de force majeure, comme le bailleur n'est jamais en faute, et qu'il ne dépend pas de lui de continuer de fournir la jouissance promise, il ne doit au locataire aucune indemnité pour le préjudice que lui cause la résiliation du bail. D'un autre côté, on ne peut faire aucun reproche au locataire. D'où il suit qu'il doit obtenir décharge des loyers à venir, restitution de ceux qu'il a payés par anticipation, mais qu'il ne peut pas demander de dommages (L. 30, § 1. — L. 33. D. *Loc. Cond.*).

Il ne faut donc pas prendre à la lettre les termes de la loi 25, § 6 (*id.*), qui dit que jamais le locataire ne doit souffrir de la force majeure. Elle veut dire seulement que le locataire n'en est pas responsable, et que les risques de la chose louée sont à la charge du propriétaire, ce qui est une question étrangère à la location. Quant au préjudice qui résulte de la cessation du bail, il est supporté par les deux parties : le bailleur perd les loyers à venir, et le locataire n'est pas indemnisé de la perte que lui fait éprouver la résiliation anticipée du bail.

Je comprendrai dans la même catégorie, et soumettrai à la même règle, certains troubles de jouissance causés, il est vrai, par le fait du bailleur, mais qui sont la conséquence inévitable d'un événement de force majeure. Je veux parler des réparations nécessaires urgentes que le bailleur ne peut pas renvoyer à une autre époque. Le locataire, en pareil cas, troublé dans sa jouissance, peut bien demander la résiliation du bail, mais il n'obtiendra aucune indemnité (L. 35 *De Loc. Cond.*). Le bailleur peut même éviter la résiliation; la loi 9 Pr. (Code *Loc. Cond.*) lui en donne le moyen : c'est de procurer au locataire un autre logement tout aussi commode.

Cette solution n'est applicable qu'aux réparations nécessaires; pour les réparations de luxe, ou simplement utiles, le bailleur doit s'entendre avec son locataire et les différer s'il s'y oppose. S'il les fait malgré le locataire, il suffira à celui-ci de prouver qu'elles lui ont causé préjudice, pour que la résiliation du bail puisse être prononcée, pour que le bailleur soit condamné à payer des dommages. L. 30 D. *id.*

La loi 15 (*id.*) cite une espèce singulière dans laquelle le trouble, quoique causé par le bailleur, est traité comme un cas de force majeure, parce qu'un événement juridique a modifié la situation des parties et a transformé en trouble un acte auparavant irréprochable. Un locataire meurt; il a pour héritier son fils encore mineur à qui le tuteur fait répudier la succession. Il n'y plus d'héritier, le bail est rompu (L. 9, Code, *Loc. Cond.*) et le bailleur loue à une autre personne. Plus tard le mineur se ravise; il recourt au préteur, et la *restitutio in integrum* le réinvestit de tous les droits compris dans la succession. Le bail rompu revit donc, et le nouveau n'est qu'un trouble apporté par le bailleur à la jouissance de son premier locataire. Néanmoins le pupille ne pourra demander que la décharge des loyers à venir, le bailleur ayant eu un juste sujet de relouer.

La jouissance peut être troublée par l'exercice légitime d'un droit qui appartient à un tiers. Par exemple, un voisin élève chez lui un mur qui enlève au locataire la vue et une partie du jour. Aucune indemnité n'est due par le bailleur à moins qu'il ne soit bien prouvé que le locataire a dû compter sur la jouissance dont il est privé. (L. 25 § 2 *id.*)

3e cas. — Le trouble peut résulter des vices de la chose louée qui la rendent impropre à la destination convenue.

De là pour le locataire, à qui l'on ne fournit pas la jouissance promise, une action en résiliation du bail, à laquelle s'ajoutera quelquefois une action en dommages intérêts. — Il peut aussi arriver que les vices de la chose louée aient causé un préjudice au locataire, que le hangar, loué pour abriter des marchandises, se soit écroulé sur elles, par vice de construction, et qu'elles aient été fort endommagées. Alors encore peut naître une action en indemnité, en dommages-intérêts. Ces dommages ne sont pas dus dans tous les cas où il y a préjudice subi ; ils peuvent l'être même en l'absence de préjudice, si la résolution anticipée résulte de la faute du bailleur. Pour les deux cas la règle est la même. Le locataire a-t-il connu les vices dont il est question ? Il est présumé en avoir accepté les conséquences, et le bailleur n'est pas tenu de réparer le mal (l, 19, § 5, D. *id.*). — Les a-t-il ignorés, on doit sous-distinguer : si le bailleur les a connus, ou si, à raison de son métier, il a dû les connaître, il est responsable. Dans l'hypothèse inverse le fait est considéré comme une sorte de cas fortuit laissant à la charge du locataire toute la perte qu'il lui fait subir.

Le locataire peut-il faire résilier le bail avant tout préjudice subi, mais devant une menace sérieuse de préjudice ? Par exemple, s'il est menacé de l'écroulement de la maison. Les jurisconsultes romains décidaient que, s'il a quitté la maison, il doit être déchargé de tous les loyers échus depuis cette époque, et à échoir ; qu'il les doit, au contraire, s'il est resté dans la maison ; et cela que la maison se soit ou non écroulée, pourvu que les craintes aient été sérieuses. (L. 27, 28, *id.*)

4e cas. — Le trouble peut naître du fait d'un tiers qui s'empare ou veut s'emparer de la possession de la chose. Une distinction doit être établie : le bailleur ne doit garantie que pour les troubles de droit ; non pour les troubles de fait. Il doit défendre le locataire contre les prétentions que des tiers pourraient élever sur la propriété de la chose louée ; mais contre les voies de fait, les aggressions de malfaiteurs, c'est au locataire de se défendre ; le bailleur du reste ne pourrait rien pour lui. (L, 25, § 6. — L. 55, *id.*)

Un des cas de trouble de droit est la conséquence du bail de la chose d'autrui. Nous savons déjà qu'un pareil contrat, valable entre les parties, n'oblige pas le véritable propriétaire qui peut toujours revendiquer. La conséquence de la revendication, c'est l'expulsion du locataire qui recourt alors en garantie contre son bailleur. La garantie due par le bailleur comprend, outre la décharge des loyers à venir, des dommages-intérêts représentant le préjudice causé au locataire par la cessation de la jouissance. La solution est la même que dans le cas où le trouble résulte directement du fait du bailleur : c'est qu'il est fort difficile de le supposer de bonne foi ; qu'il a commis au moins une négligence ; qu'il a fait une promesse qu'il ne peut tenir ; que le locataire en souffre et qu'il y a faute de sa part d'avoir loué avant de s'informer s'il est propriétaire.

L'éviction peut ne porter que sur une partie de la chose louée. Tel est le cas d'une servitude que le bailleur n'avait pas déclarée et qui se révèle pendant le bail. Le locataire peut toujours demander la résiliation avec dommages ; mais il peut aussi maintenir le bail et se contenter d'une diminution proportionnelle du prix (L. 25-27, *id.*).

Le locataire, troublé par les prétentions d'un tiers sur l'immeuble dont il jouit, ne peut se défendre seul ;

il doit appeler le bailleur à son aide. Celui-ci le plus souvent lui cèdera ses actions contre les prétendants, et le mettra ainsi en mesure de se défendre lui-même (L. 60, *id.* — L. 52, *de furtis* D.).

C'est seulement lorsque ces actions seront impuissantes à le protéger, que le locataire recourra contre le bailleur, son débiteur de jouissance. Mais je ne pense pas que l'on puisse admettre au profit du bailleur, même de bonne foi, la faculté dont parle la loi 9, celle d'empêcher la résiliation en offrant une maison tout aussi commode. Cette faculté ne concerne, je crois, que les troubles temporaires, qui supposent la rentrée prochaine du locataire dans l'immeuble loué; ici, au contraire, le trouble est définitif, puisqu'on abandonne au véritable propriétaire la maison louée; autoriser le bailleur à invoquer le bénéfice de la loi 9, serait lui permettre de changer l'objet du bail, ce qui est inadmissible.

Le bail expiré, le bailleur doit laisser son locataire emporter tout ce qu'il a introduit dans la maison. Il ne lui doit aucune indemnité pour les améliorations qu'il pourrait avoir faites; seulement tout ce qui sera susceptible d'être détaché de l'immeuble et enlevé, le locataire pourra l'emporter à la condition de remettre les lieux dans l'état où il les a reçus (L. 19, § 4 et 5, D. *Loc. Cond.*).

SECTION II. — SOUS-LOCATION ET CESSION DE BAIL.

Le droit qui résulte pour le locataire du contrat de louage n'est pas attaché irrévocablement à sa personne. Il passe à ses héritiers et rien n'empêche qu'il soit transmissible par voie de cession. L. 6. Code *de Loc. Cond.* — L. 7 et 24, § 1. D. *de Loc. Cond.* — L. 11, § 5 *de Pign. Act.*). — Cette transmission ne modifie en aucune sorte les droits ou obligations du bailleur qui peut toujours faire résilier le bail si la personne substituée ne remplit pas les obligations du locataire.

Les droits du propriétaire restant les mêmes, il faut en conclure qu'il ne doit réclamer que le prix stipulé dans son bail et qu'il ne peut se prétendre créancier du prix de la sous-location, ordinairement plus élevé. (L. 47. D. *Loc. Cond.* — Voy. Cujas sur cette loi).

Des différences essentielles séparent la sous-location de la cession de bail; mais, en principe, elles ne rompent ni l'une ni l'autre les relations du premier locataire avec le bailleur qui se trouve ainsi avoir deux débiteurs au lieu d'un. (L. 3. Code, *de fund. rei privatæ.* — L. 47. D. *de jure fisci*). — Il en serait autrement si le bailleur, en acceptant le nouveau locataire qu'on lui présente, avait déclaré se contenter de sa responsabilité et avait libéré de toute garantie son premier locataire. Il se serait produit une délégation parfaite, opérant novation et extinction de l'obligation première, toutes choses que l'on ne présume pas.

La sous-location diffère de la cession de bail, en ce qu'elle suppose un nouveau contrat, passé entre locataire et sous-locataire, dans lequel peuvent être pris tels engagements qu'il plaît aux parties. La cession de bail n'opère pas un nouveau louage; elle fait seulement entrer dans les liens du contrat primitif une nouvelle personne, le cessionnaire, qui désormais participera aux avantages et aux charges qu'il a fait naître. De là il résulte :

1° Que le cessionnaire est forcé de subir toutes les clauses normales ou anormales du bail et qu'il doit prendre la chose louée dans l'état où elle se trouve lors de la cession; tandis que le sous-locataire peut stipuler les clauses qui l'accommodent et refuser de recevoir la chose si elle se trouve en mauvais état.

2° Que le premier contrat est régi par les règles relatives à la vente ou cession des droits mobiliers; le deuxième par les règles du louage.

3° Que la cession établit de plein droit des rapports directs entre le bailleur et le cessionnaire; tandis que l'action directe du bailleur, outre qu'elle peut ne comprendre qu'une partie de la dette, n'a pas sa cause dans le contrat de louage, mais dans une convention tacite présumée; nous allons dire ce que cela signifie.

On s'était demandé à Rome si quelque rapport direct unissait le bailleur au sous-locataire. Sans doute le bailleur pouvait agir contre lui, et pour tout le prix de la sous-location, en empruntant l'action de son locataire; mais la voie indirecte laissait le bailleur exposé aux risques de l'insolvabilité du locataire, et du partage, entre tous ses créanciers, du prix de la sous-location. Ulpien alors imagina une fiction qui fut la base d'une action directe du bailleur contre le sous-locataire. Cette action directe il l'appuya d'une part sur cette considération que le bailleur n'est tenu de respecter la sous-location que si le locataire remplit ses engagements, de sorte qu'en fait, le sous-locataire, pour rester en possession de l'immeuble qu'il a sous-loué, s'offre comme garant du locataire. D'autre part, l'action directe résulte surtout du fait même de l'occupation de la maison par les meubles du sous-locataire. Cette prise de possession, opérée d'une part, tolérée de l'autre, avait fait supposer à Ulpien une convention tacite entre bailleur et sous-locataire, par laquelle le premier autorisait la substitution de personnes et l'enlèvement des meubles du locataire, pourvu que le sous-locataire lui donnât des garanties nouvelles. Ces garanties, c'était les meubles qu'il apportait dans la maison et qu'il affectait, dans la mesure de sa propre dette à la garantie de celle du locataire (L. 11, § 5 *de Pign. Act.* Dig.), Cette convention présumée ne produisait pas d'engagement personnel ; elle grevait les meubles, non la personne du sous-locataire.

Ainsi lorsque le prix de la location est de 50 et celui de la sous-location 60, l'action directe du bailleur ne comprend que 50. Si le locataire doit plusieurs termes, le bailleur pourra les réclamer au sous-locataire à la condition que la somme ne dépasse pas ce dont il est lui-même débiteur ; de sorte que si le sous-locataire, en exécution d'une clause de son bail, a payé d'avance le terme courant au locataire depuis insolvable, le bailleur ne pourra rien lui réclamer. — Réciproquement, et toujours en vertu de la convention tacite présumée, le locataire peut agir directement contre le bailleur pour le forcer à remplir les engagements qu'il a contractés envers son locataire.

La résiliation du bail principal anéantit de plein droit et la cession de bail et la sous-location. La cession de bail, cela va sans dire, puisque désormais elle manque d'objet. La sous-location parce que, pour l'avenir, elle n'est autre chose que le bail de la chose d'autrui et partant non opposable au véritable propriétaire. On objectera peut-être la convention tacite imaginée par Ulpien ; mais, outre qu'une fiction ne peut pas tenir devant la réalité, il faut reconnaître que le but de cette présomption du jurisconsulte a été d'accorder une garantie de plus au bailleur, et qu'il y aurait abus à la retourner contre lui. Si la résiliation a pour cause la faute de l'une des parties, bailleur, locataire ou sous-locataire, elle supportera seule le poids des dommages dus aux autres parties et représentant l'intérêt qu'elles avaient à la continuation de l'état existant.

Section III. — Tacite reconduction.

Lorsqu'un bail est fait sans terme, comme on ne peut pas supposer que les parties aient entendu le faire durer éternellement, la loi permet à chacune d'elles d'y mettre fin, à la condition d'avertir l'autre et de lui laisser un temps suffisant pour trouver, soit un nouveau logement, soit un nouveau locataire ; délai ordinairement fixé par les usages locaux.

Lorsque le bail est à terme, il finit à l'époque convenue ; seulement si, le bail expiré, le locataire reste en jouissance sans être inquiété par son bailleur, il s'opère une tacite reconduction (L. 13, § 11, *Loc. Cond.* D.). Cela veut dire que la continuation de jouissance fait présumer que les parties, satisfaites de l'état actuel des choses, désirent le prolonger, ce qu'elles ne peuvent faire que par un nouveau bail, puisque le premier n'existe plus. Ce nouveau contrat, on le fait résulter de l'accord tacite des parties, comme une conséquence de cette idée que le consentement suffit pour produire un contrat de louage (L. 13, *in fine.* — L. 14, *Loc. Cond.*).

Puisque l'on présume un consentement, ajoutons que ce consentement doit être possible durant toute la période où s'opère la reconduction ; de sorte que si l'une des parties est absente, devenue folle, il ne peut s'opérer un contrat tacite là où un contrat exprès ne serait pas possible (L. 13, 14, § 1, *id.*).

Nous avons donc un nouveau bail ; mais quel sera son caractère ? Sera-t-il à terme comme le premier et sa durée sera-t-elle la même ? A ces questions, la loi ne fait que des réponses équivoques et obscures à force de laconisme. Pour les baux à ferme, la règle n'est pas douteuse : quelle que soit la durée du bail primitif, le nouveau est, comme lui, un bail à terme, mais sa durée est soumise à une règle invariable ; il est fait pour un an (L. 13, § 11, *id.*). Quant aux loyers des maisons, nous savons que la règle est différente ; mais quelle est-elle? La loi 13 s'exprime ainsi : « ..... *In urbanis autem prædiis alio jure utimur, prout quisque habitaverit ita et obligatur, nisi in scriptis certum tempus conductioni comprehensum est.* » Ce que je traduis et explique ainsi : « Le locataire n'est obligé (de payer le loyer) que tant qu'il habite ; » c'est-à-dire qu'à chaque instant il peut donner congé, et il doit en être de même pour le bailleur, « à moins que la durée du premier bail n'ait été fixée par écrit, auquel cas la même durée est applicable à la reconduction. » D'après cette interprétation, suivant que le premier bail serait verbal ou écrit, le nouveau serait sans terme ou bien semblable au premier.

Le nouveau bail est régi, autant qu'il est possible, par les conditions et clauses, même extraordinaires, de l'ancien. Les garanties sont les mêmes et les hypothèques, constituées sur les biens du locataire, garantissent le nouveau bail ; le droit romain, ne les astreignant pas à l'acte authentique, elles résultaient, comme le contrat lui-même, de l'accord tacite des parties. Cette règle n'est pas applicable aux sûretés, cautions ou hypothèques, fournies par des tiers, qui sont libérées de droit à la fin du bail à moins de nouvel engagement (L. 13, 14, *id.*).

La tacite reconduction n'est possible que dans les baux à terme, parce que le terme est la limite nécessaire du bail, que toutes les combinaisons des parties ne peuvent le prolonger au delà, et qu'elles n'ont qu'un moyen pour maintenir l'état des choses : c'est la formation d'un nouveau contrat. Ce nouveau bail, s'il est tacite, si on le fait résulter de la continuation de jouissance, c'est la tacite reconduction. Dans les baux sans terme, il peut arriver que le congé, donné par l'une des parties, soit retiré par elle en temps utile ; ou bien que, sans tenir compte du congé, le locataire reste en jouissance, et qu'il ne soit pas inquiété par le bailleur ; il n'y pas là de bail nouveau, c'est l'ancien qui est maintenu. Le congé est la faculté accordée par la loi aux parties, de mettre fin au bail sans terme, par une simple manifestation de volonté. Mais le congé ne lie pas irrévocablement les deux parties ; il n'entraîne pas nécessairement la fin du bail, car, si la partie qui l'a donné y renonce, il n'y a rien de fait et le bail continue ; si le bail continue, la reconduction est impossible. Si le congé a produit son effet et rompu le bail, les parties auront beau conserver leur position respective, le locataire continuer sa jouissance, le bailleur la tolérer, il ne s'opérera pas de réconduction. C'est que la reconduction résulte de l'intention présumée des parties de continuer le bail, et qu'ici cette présomption est absolument inadmissible, puisque, volontairement et librement, elles viennent d'y mettre fin.

Section IV. — De la fin du bail.

Le bail finit 1° par l'expiration du terme s'il en a été stipulé, sinon par le congé régulièrement donné par l'une des parties;

2° Par la destruction de la chose louée, et quelle qu'en soit la cause, parce que la jouissance est désormais impossible;

3° Par l'expulsion du locataire, soit sur la revendication du véritable propriétaire, soit pour tout autre motif. Par exemple, un bail a été passé par l'usufruitier d'une maison; il meurt, l'usufruit cesse, et le nu-propriétaire peut expulser le locataire de la maison. Cette expulsion mettra fin au bail et, suivant les circonstances, pourra permettre au locataire un recours en dommages contre les héritiers de l'usufruitier. Car si le bailleur s'est présenté au locataire comme un véritable propriétaire, et, sur cette donnée, a passé avec lui un bail à terme, il se trouve maintenant que, pour l'avenir, il a loué la chose d'autrui; nous appliquerons les règles ordinaires en pareil cas.

Un conflit peut s'élever entre deux locataires successifs; lequel l'emportera? Nous pouvons supposer qu'aucun d'eux n'a été mis en jouissance. En pareil cas, comme le bail ne leur donne aucun droit sur la chose louée, et ne crée en leur faveur qu'un droit de créance, et que dès lors la date est indifférente, ils devront subir le caprice du bailleur, maître d'investir qui il lui plaira de la jouissance, à la condition d'indemniser l'autre. — On peut même aller plus loin, au moins en théorie, et dire que la possession n'ajoute rien aux droits du locataire et qu'il reste, comme auparavant, créancier d'un fait de son bailleur. De sorte que le bailleur, ne pouvant être contraint de faire, reste maître de refuser la jouissance même au locataire investi de la possession. Il est vrai que le locataire pourra se faire maintenir en jouissance *manu militari*, mais cette intervention de la force n'a d'autre effet que de changer le caractère de l'obligation du bailleur, qui cesse d'être une obligation de faire. D'ailleurs le bailleur n'a-t-il pas toujours plusieurs moyens de rompre le bail ? Il vend l'immeuble ; il viole ses engagements ; trouble lui-même la jouissance ; que pourra le locataire ? Obtenir la résiliation du bail ; mais c'est tout ce que l'on demande. Réclamer des dommages-intérêts ? mais on les lui offre.

Le bail n'est pas rompu par la mort des parties, pourvu qu'elles laissent des héritiers continuateurs de leurs personnes, et investis par la loi de leurs droits et obligations (L. 10, § 8. — L. 11 C. *de Loc. Cond.*). — Il est un cas cependant où cette transmission n'a pas lieu ; c'est celui de la loi 4 au Digeste (*de Loc. Cond.*). Il s'agit d'un bail ainsi fait : « Pour tant qu'il plaira au bailleur ; » le bailleur venant à mourir, la loi refuse de transmettre à ses héritiers la faculté de rompre le bail qu'il s'était réservée ; elle le déclare résolu. Cette solution, qui peut avoir son utilité en pratique, manque certainement de logique. Le bail peut être rompu par la seule volonté du bailleur, c'est vrai ; mais encore faut-il que cette volonté se manifeste, ou puisse au moins se présumer. La mort du bailleur n'a rien en soi qui puisse faire supposer qu'il a voulu rompre le bail ; le bail persiste donc. Mais alors nous voilà forcé de faire passer, avec le bail, aux héritiers du bailleur, cette faculté de rompre le bail à volonté, que le bailleur a stipulée pour lui seul, et que la loi 4 attache à sa personne? — En aucune façon. La clause anormale réservée par la loi au bailleur, ne pouvant plus désormais être invoquée par personne, resterait comme effacée du contrat, et le bail, pour l'avenir, serait régi par les règles ordinaires, et finirait soit par un congé, soit par les autres modes ordinaires d'extinction des baux.

Le bail ne survit pas aux parties lorsqu'elles ne laissent pas d'héritiers, mais de simples successeurs aux biens que la loi n'investit pas des droits et obligations du défunt.

Lorsque l'immeuble loué a été légué, le légataire, successeur particulier, n'est pas tenu de respecter le bail et peut, dès à présent, expulser le locataire. Mais entre ce locataire et l'héritier du bailleur, toutes les obligations nées du contrat persistent, et c'est contre cet héritier, obligé d'entretenir le bail, que recourra en dommages le locataire expulsé. Par le legs qu'il a fait, le bailleur a mis son héritier dans la position d'un bailleur qui a vendu la chose par lui louée. Il y a donc, pour l'avenir, louage de la chose d'autrui, autorisant l'expulsion du preneur par le nouveau propriétaire, expulsion qui constitue un trouble de jouissance par le fait du bailleur. De là, suivant la règle ordinaire, un recours en dommages-intérêts.

Il peut encore arriver que le légataire, jugeant le bail avantageux pour lui, désire le continuer, et que le locataire veuille au contraire profiter de la circonstance pour le résoudre. Qui l'emportera? C'est le locataire qui pourra rompre le bail sans être tenu d'aucune indemnité. Le legs fait par le défunt peut bien faire passer aux mains du légataire la propriété de la maison louée, mais il le laisse étranger au bail dont il ne peut en aucun cas invoquer les dispositions, soit contre le locataire, soit contre l'héritier. Il n'existe de lien de droit qu'entre le locataire et l'héritier du bailleur et celui ci, n'ayant aucun intérêt à la continuation du bail, n'a pas d'action pour y contraindre le locataire. Il résulte de là que le légataire ne pourrait pas invoquer une cession d'actions à lui faite par l'héritier, car l'héritier n'a pas d'actions, et, pour que le légataire pût les exercer, comme il est seul intéressé, il faudrait les supposer nées en sa personne, ce qui est inadmisible.

Les mêmes principes sont applicables au cas de vente par le bailleur de la maison louée. L'acheteur peut expulser le locataire qui poursuivra le bailleur en dommages-intérêts. Pour échapper à ce recours deux moyens sont possibles : 1° Dans le contrat de louage le bailleur peut stipuler qu'il ne sera pas garant de l'éviction en cas de vente; — 2° dans le contrat de vente il peut imposer à l'acheteur la clause d'entretenir le bail, de façon qu'il soit subrogé au vendeur dans ses obligations. Cette subrogation virtuelle avait lieu quelquefois de plein droit à Rome. Nous en trouvons un exemple dans la loi 50 au Digeste (*de Jure fisci*) : elle oblige les acheteurs des choses du fisc à respecter les baux passés par leur vendeur et à entretenir la jouissance des locataires. Cette subrogation a pour but de soutraire les agents du fisc à un recours en garantie.

Le bail peut être encore résolu par la sentence du juge sur la demande de l'une des parties qui se plaint que l'autre ne remplit pas ses engagements. Il n'est pas besoin de prouver qu'elle est en faute; la force majeure même ne pourrait empêcher la résolution. Seulement, en cas de faute, une indemnité vient s'ajouter à la résolution. Au nombre des causes de cette espèce qui peuvent amener la fin du bail sont les divers troubles de jouissance, la distruction totale ou partielle de la chose louée, la nécessité de la démolir etc., et, de la part du locataire, l'abus de jouissance, le défaut de payement du loyer, etc.

Une difficulté s'est élevée au sujet de cette dernière cause de résolution. On s'est demandé si le locataire pouvait être expulsé aussitôt qu'il était en retard de payer ou s'il avait droit à une certain délai. Avant Justinien la question était douteuse et diversement résolue. Dans la loi 56 (*De Loc. Cond.*), il est bien question d'un délai de deux ans, mais cette loi ne statue que dans une situation particulière, en cas d'absence du locataire. Dans la loi 3 au Code (*Loc. Cond.*), c'est un locataire qui ne peut être expulsé tant qu'il paye régulièrement; d'où, *e contrario*, l'expulsion est possible faute de payement sans qu'il soit question de délai. La loi 54 § 1 parle aussi d'un délai de deux ans, mais ce délai se produit dans la loi d'une façon si incidente qu'il est bien évident que la loi n'a pas voulu édicter la règle, et qu'on n'est pas bien certain qu'elle suppose un usage conforme. Justinien a tranché la difficulté en fixant le délai à deux ans. (*L. fine*, § 1. Code, *de Jure don. impetr.*); il a érigé en loi la solution qui avait le plus de partisans.

Lorsque le locataire diminue les sûretés qu'il a données au créancier, lorsqu'il dégrade ou détruit les meubles qui garnissent son logement, la résiliation peut être obtenue.

Une autre cause de résolution résulte de la loi 3 au Code (*Loc. Cond.*) qui permet au bailleur de chasser son locataire lorsqu'il veut habiter lui-même sa maison. Cette faveur exorbitante attribuée au droit de propriété ne repose sur aucun principe; c'est le droit de violer ses engagements accordé par la loi à une seule des parties; Cujas l'appelait : « *Nova et inaudita sententia.* »

Lorsque se produit la résolution du bail avant le terme, le locataire reste tenu des loyers pour tout le temps où il a eu la jouissance. S'il a fait des améliorations, il ne peut réclamer aucune indemn... ment il a le droit d'enlever tout ce qu'il a apporté dans la maison, à la condition de la rendre en bon état, comme il est présumé l'avoir reçue.

CHAPITRE III.

Des garanties du bail.

Section I.

Les garanties du bail sont de deux sortes. Les unes, extraordinaires, n'existent que si on les a expressément stipulées; les autres, indépendantes de toute stipulation, sont attachées par la loi à tous les baux. La première catégorie comprend les cautions et hypothèques fournies par le locataire, et plus souvent par des tiers. — La deuxième, une hypothèque légale particulière sur les meubles et ustensiles du locataire.

§ I.

Les cautions et hypothèques affectées à la garantie du bail sont tenues de toute la dette du locataire. Si donc il s'est laissé mettre en demeure de payer, ajoutant ainsi à sa dette des intérêts moratoires, la caution les devra comme lui, sans pouvoir se retrancher derrière les constitutions qui statuent que ceux qui s'obligent pour d'autres ne sont tenus que du capital (L. 54, D. *de Loc. Cond.*). Telle est la solution de Paul qui l'explique ainsi : « C'est l'intention des parties, et le garant a promis de rendre le créancier indemne.

Le bailleur peut-il poursuivre les cautions fournies par le sous-locataire ? Il semble que non, car elles ne sont engagées que vis-à-vis du locataire, et l'on n'a pas le droit de modifier à leur insu leur obligation. Cependant la loi 24, § 1 (*id.*) décide le contraire. Cette décision s'appuie sur la convention tacite dont il a été question plus haut, et qu'Ulpien imagina pour accorder au bailleur une action directe. L'obligation de la caution n'est après coup ni modifiée, ni augmentée, car sa garantie, bien qu'elle n'ait qu'une seule dette pour objet, est née double et peut être invoquée par deux créanciers, le bailleur et le locataire.

En cas de tacite reconduction, nous savons que toutes les garanties, sûretés de l'ancien bail, sont affectées au nouveau; que toutefois ce principe ne va pas jusqu'à faire présumer le consentement des tiers, lorsqu'il faut ce consentement pour qu'ils soient garants du nouveau bail; que, d'après cela, il faut décider que les gages et hypothèques fournis par le locataire restent tenus du nouveau bail; qu'au contraire, les cautions et hypothèques fournies par des tiers sont libérées à moins de nouvel engagement (L. 13, § 1, D. *Loc. Cond.* — L. 7, Code, *Loc. Cond.*).

§ II.

Les meubles apportés par le locataire dans la maison louée sont affectés de droit à la garantie du bail ; l'édit du préteur les grève d'une hypothèque tacite au profit du bailleur. Cette hypothèque sur meubles est spéciale au bail à loyer ; dans le louage d'un *prædium rusticum*, ou bail à ferme, l'hypothèque ne s'applique pas aux meubles et ustensiles qui garnissent la ferme, mais seulement aux fruits et récoltes produits par le fonds (L. 5, *Loc. Cond.* — L. 7, *in quib. caus.* D.). — Cujas dans son commentaire de la loi 4 (*de Pactis* D.) donne la raison de cette différence. Il paraît qu'à l'origine, le bail n'avait pas de garanties de droit ; il fallait les stipuler expressément, et il était d'usage d'affecter à la garantie du loyer les meubles du locataire, à celle du fermage les fruits et récoltes produits par le fonds. On trouvait la garantie suffisante et on n'y ajoutait pas les meubles et ustensiles du fermier. Les préteurs ne firent que sanctionner l'usage existant : *Quod vulgo fieri solet, abit in legem, et habetur pro facto, vel pro dicto, etiamsi dictum non sit* (*L. ult. C. de fidejussor.*). *Denique paulatim obtinuit ut, locato prædio rustico, fructus ob mercedem tacite pignorati essent, non inducta et illata, nisi id nominatim convenisset* (L. 1, *de salv. interdict.*, D. — L. 5, C. *in quib. caus.* — Instit. *de Action.* § *de Interdictis*). — La loi ne fait donc que présumer les clauses usuelles, mais rien n'empêche d'y déroger et d'étendre par convention l'hypothèque aux meubles et ustensiles du fermier.

L'hypothèque du bailleur ne s'applique pas indistinctement à tous les meubles qui entrent dans la maison louée ; ils n'y sont soumis qu'à deux conditions. La première c'est qu'ils aient été apportés pour rester dans la maison : « *Non omnia illata vel inducta, sed ea sola quæ, ut ibi sint, illata fuerunt* (L. 7, § 1, *in quib. caus.* — L. 32, *inf. de Pign. et Hyp.*). — La deuxième, que le locataire en soit propriétaire, car on ne peut hypothéquer la chose d'autrui sans l'agrément du propriétaire (L. 2, D. *de Pign. act.*—L. 2, 4, 6. C. *de Præd. Min.*). — On objectera peut-être que les meubles du sous-locataire sont affectés à garantir, à l'égard du bailleur, la dette du locataire (L. 11, § 5, *de Pign. act.*), qui cependant n'en est pas propriétaire ; mais nous avons justifié cette anomalie apparente. Elle n'est que la conséquence de la fiction imaginée par Ulpien, de cette convention tacite établissant des rapports directs entre bailleur et sous-locataire ; c'est l'hypothèque de la chose d'autrui avec le consentement du propriétaire ; convention parfaitement valable.

Le défaut de consentement, ou de ratification de la part du propriétaire, a pour effet d'annuler l'hypothèque dans tous les cas. Par exemple, si les meubles apportés par le locataire dans la maison ont été loués par lui ou prêtés par un ami ; s'il les a reçus en dépôt d'un tiers, le bailleur ne pourra prétendre aucun droit sur eux. Il importe fort peu qu'il ait su ou non que le locataire n'en était pas propriétaire; le droit romain n'a pas connu la distinction admise par le droit français; dans les deux cas, il refusait l'hypothèque, parce que la loi ne faisait que sanctionner une convention d'hypothèque qu'elle présumait et qui, dans l'espèce, était impossible (L. 5, D. *ad form. hyp.*).

La présomption est encore impossible lorsque le locataire loge gratuitement un tiers. Celui-ci, ne devant pas de loyers, ne peut pas être présumé avoir hypothéqué ses meubles pour garantir une dette qui n'existe pas; ils ne seront grevés ni au profit du bailleur ni au profit du locataire.

Le bailleur se trouvera alors privé des garanties promises et sur lesquelles il avait compté; il pourra demander la résiliation du bail avec dommages-intérêts. Toutefois lorsque le bailleur de bonne foi avait exécuté le contrat en procurant pendant un certain temps au locataire, la jouissance promise, le préteur venait à son secours : il ne lui donnait pas de droit réel, seulement lorsque le locataire, invoquant son interdit *de migrando*, voulait enlever les meubles, il accordait au bailleur un droit de rétention qui lui permettait de conserver la possession des meubles jusqu'à ce qu'on l'eût payé (L. 1, § 5, *de migrando*. — L. 22, § 2, *de Pign. act.* D.).

L'hypothèque qui grève les meubles du locataire, garantit toutes les créances nées au profit du bailleur, soit directement du contrat de louage, soit à son occasion. C'est d'abord le prix du loyer, les intérêts moratoires en cas de retard, les indemnités pour dégradations, les dommages en cas de faute, etc.—En un mot, l'hypothèque garantit en bloc tout ce qui peut être demandé par l'action *locati* (L. 2, *in quib. caus.* D.).

Il peut arriver que le locataire soit créancier de son bailleur, par exemple, lorsque de grosses réparations ont dû être faites, et se sont présentées tellement urgentes, que le locataire n'a pas eu le temps d'avertir son bailleur, et s'est vu forcé de les faire lui-même. Si le loyer n'a pas été payé, le juge le compensera avec l'indemnité à laquelle a droit le locataire. S'il reste un excédant de créance au profit du locataire, il aura le droit de rester en jouissance jusqu'à ce qu'on l'ait complétement désintéressé (L. 21 et 58, § 1, *ad. S. C. Treball.* D.).

La loi ne détermine pas combien d'annuités seront garanties par l'hypothèque. Il faut en conclure, avec les principes ordinaires, que l'hypothèque répond de toutes les annuités qui restent dues.

L'hypothèque du bailleur sur les meubles de son locataire est soumise aux règles ordinaires. Elle fait naître un droit de préférence dont l'efficacité dépend du rang de l'hypothèque, c'est-à-dire de sa date. Il peut donc arriver, si les meubles du locataire sont déjà grevés d'une hypothèque, que le bailleur ne puisse se présenter qu'au second rang ; car son hypothèque n'est pas privilégiée. D'un autre côté, les hypothèques étant occultes à Rome, il était bien difficile que le bailleur pût savoir par lui-même si les meubles du locataire étaient libres, et pouvaient lui offrir une garantie sérieuse. Pour prévenir les dangers de cette clandestinité de l'hypothèque, les jurisconsultes romains multiplièrent les cas de stellionat, et édictèrent contre ce délit civil, une pénalité rigoureuse (1). Avant le bail le locataire devait renseigner le bailleur sur la valeur hypothécaire de ses meubles ; l'inexactitude des renseignements, ou simplement le défaut de déclaration des hypothèques déjà existant au moment où il était présumé par la loi en consentir une nouvelle, le constituaient stellionataire et, comme tel, passible d'une peine afflictive (L. 16, § 1, *de Pign. act.* — L. 3, § 2, *de Stell.* D.). Avec ces renseignements le bailleur se trouvait en mesure d'apprécier l'étendue réelle de la garantie qui lui était offerte.

Mais le stellionat pouvait se produire et le bailleur n'obtenir qu'une deuxième hypothèque. N'avait-il au-

(1) En droit romain, le mot stellionat a une acception des plus étendues ; il s'applique à tous les délits civils, c'est-à-dire à tous ceux qui n'ont été ni prévus ni punis par la loi pénale (L. 3, § 1, *in fin. de Stell.* D). Son étymologie explique sa généralité. Il dérive du mot *stellio,* qui désignait un petit lézard tacheté, dont la superstition avait fait l'ennemi de l'homme, et dès lors s'applique à tous les faits de fraude. Le cas spécial d'une hypothèque consentie sur une chose déjà hypothéquée, sans avertir le créancier, est prévu par la loi 4 au Code (*de crimin. Stell.*) et puni de la destitution pour ceux qui exerçaient une magistrature ; de la rélégation temporaire pour les autres ; pour les plébéiens de la condamnation aux mines (Ulp., L. 3, § 2 D. *de Stell.*). Le tout sans préjudice des dommages-intérêts.

cun autre moyen d'atteindre les meubles hypothéqués? Outre son hypothèque, il avait sur eux un droit de gage, car le gage et l'hypothèque ne se séparaient guère à Rome, ayant les mêmes caractères essentiels (L. 13, § 1. — L. 16, § 6 *de Pign. Act.* D. — Instit. de Just., *de Act.*, § 7). Ils différaient cependant en ce sens que le gage supposait que la possession de l'objet engagé avait été livrée au créancier. Or ici le créancier possède; il possède par le moyen de la maison qui est son instrument de possession; il possède si bien que la vente des meubles engagés faite par le locataire, sans le consentement du bailleur, s'appelle un vol de la possession (1). Mais il ne faut pas exagérer les effets de cette possession et du droit de rétention qu'elle attribue au créancier. Nous sommes habitués, en droit français, à voir le droit de rétention, par la faculté qu'il confère au créancier de ne se dessaisir que lorsqu'on l'a intégralement payé, produire en réalité l'effet d'un véritable privilége. La possession, même à titre de gage, n'a pas cette importance en droit romain, et surtout cette inviolabilité. Lorsque viendra, pour le créancier qui a la première hypothèque, l'époque du payement, l'action hypothécaire que la loi lui donne aura précisément pour but de poursuivre la possession de la chose enga-

(1) L. 66, Pr. *de furtis*, D. — La loi 4 *ad Exhibendum* nous montre le bailleur, comme tout créancier gagiste, possédant, non sans doute *civiliter* et *ad sucapionem*, mais naturellement et *ad interdicta*.

gée entre les mains de tout détenteur ou possesseur quel qu'il soit. Il importe peu que le possesseur soit un créancier gagiste; la possession lui sera ravie, sans que son droit de rétention puisse le défendre.

L. 1, Pr. *de Pign.* — L. 20-28, *qui pot. in pign.* L. 15, l. 16, § 3, *id.* — L. 205, *de reg. juris.*

Ce droit de rétention n'est pas cependant sans avoir quelque utilité. Le bailleur l'opposera avec succès à l'interdit *de migrando* du locataire de mauvaise foi qui, avant d'avoir payé, voudrait enlever les meubles, sous prétexte que, appartenant à un tiers, ils n'ont pu être frappés par l'hypothèque (L. 22, *de Pign. Act.*). Il l'opposera encore aux créanciers hypothécaires postérieurs, soit par voie d'exception contre ceux qui veulent lui ravir la possession des meubles (L. 28, *qui pot. in Pign.* — L. 12, *de Pign. Act.*) ; soit par voie d'action pour reprendre la possession qu'on lui a ravie. En aucun cas, il ne sera tenu d'attendre l'échéance du terme comme le créancier simplement hypothécaire qui n'a pas été investi de la possession. — La possession sera surtout avantageuse dans le cas où il aura été impossible d'établir un ordre entre les diverses hypothèques ; au lieu de concourir avec ses co-créanciers, le créancier nanti se verra préféré (L. 14 *in fine qui pot. in Pign.* — L. 10, *de Pign.* D).

Le droit de rétention du bailleur lui permet d'empêcher que les meubles du locataire sortent de la maison, et, si on les a enlevés, des interdits possessoires lui sont donnés pour recouvrer la possession perdue. Ce n'est pas que la perte de la possession le dépouille de ses droits, son hypothèque lui reste, et par elle un droit de suite.

Le droit de suite, lorsqu'il a pour objet une chose bien déterminée a pour effet principal de permettre au créancier de se prévaloir, contre tout détenteur de cette chose, du droit réel qui la grève (1) ; de la suivre, en quelques mains qu'elle passe. C'est là l'effet ordinaire du droit de suite ; en matière de bail à loyer il semble que nous trouvions une règle différente. Ulpien (dans la loi 6, *in quib. caus.*) nous apprend que l'hypothèque du bailleur ne peut empêcher le locataire de donner la liberté à un de ses esclaves, même habitant la maison louée. C'est lui permettre d'amoindrir le gage de son créancier. Ailleurs nous voyons que le bailleur perd toute hypothèque, tout droit de suite sur les meubles qu'il a laissé aliéner par le locataire, sans protester. Qu'est-ce que cela veut dire ? Le droit du créancier serait-il à la merci de son débiteur ? Il n'en est rien. Ces dispositions, anormales en apparence, s'expliquent sans difficulté par cette considération que l'hypothèque dont il s'agit ne s'applique pas à des corps certains, à des

---

(1) Le droit réel résulte de plusieurs lois qui assimilent le droit du créancier gagiste ou hypothécaire au *fructuarius* qui a évidemment un droit réel (L. 19, *de Damn. Inf.* — L. 130, *de Nov. Act.* D.— L. 2 C. *Si unus ex plur. her*).— Il résulte surtout du droit de suite que plusieurs lois accordent à l'hypothèque (L. 18, § 2, *de Pign. Act.*).

meubles individuels, mais à un ensemble d'objets, à un mobilier, à une *universitas.* De là cette conséquence que l'hypothèque s'étend sur tous les meubles actuellement dans la maison, même sur ceux qui y sont entrés postérieurement au bail et sur lesquels le bailleur n'a pas dû compter (L. 13, Pr. *de Pign. Act.* D). — Quant à ceux qui sortent de la maison, ils sont sans doute grevés d'un droit de suite, afin qu'un locataire de mauvaise foi ne puisse pas anéantir la garantie qu'il a donnée à son bailleur. Mais le droit de suite n'aura d'application qu'au cas de mauvaise foi du locataire, lorsque l'aliénation des meubles aura été faite à l'insu du bailleur. Au contraire, faite de bonne foi, consentie ou simplement tolérée par le bailleur, elle fera facilement présumer l'abandon de son droit; sa tolérance signifiera qu'il se contente de la garantie qui lui reste. Cette solution, la loi ne la donne pas spécialement pour le bail à loyer, mais pour un cas analogue. Dans la loi 34 (D. *de Pign. Act.*), il s'agit de l'hypothèque d'un fonds de commerce, qui est aussi une *universitas*, et il y est dit que les objets qui en sont distraits sans que le créancier s'y oppose ou les réclame, échappent à son droit qu'il est présumé abandonner. La situation est la même pour le locataire; on pourrait même dire qu'elle est préférable, qu'elle est davantage dans l'esprit de la décision du jurisconsulte, car l'hypothèque de la loi 34, née d'une convention expresse, s'éteint cependant par un accord tacite, tandis qu'il est plus logique que l'hypothèque du bailleur, qui s'est constituée tacitement, en vertu d'une présomption légale de volonté, s'éteigne de même (L. *Ult.* C. *de remiss. Pign.*).

Lorsqu'un délai se sera écoulé depuis l'échéance de la dette du locataire, un délai de deux ans d'après Justinien, sans qu'elle ait été acquittée, le bailleur sera admis à réaliser sa garantie, je veux dire à se payer sur son gage. Il importe peu que le bail soit expiré ou qu'il continue ; le droit du créancier est le même, avec cette différence que, dans le 2e cas, il pourra demander en plus la résolution du bail. Il peut avoir été stipulé par les parties qu'en cas de non paiement, le gage appartiendra au créancier ; une telle convention, assez rare du reste, prenait le nom de *Lex Commissoria.*

Mais tel n'était pas le droit commun. A l'échéance le locataire pouvait avoir été mis en demeure de payer. L'effet de cette demeure était de faire courir, au profit du bailleur, les intérêts moratoires ; ils venaient s'ajouter au capital et, comme lui, avaient pour garanties l'hypothèque tacite et les autres garanties extraordinairement stipulées. On arrivait ainsi à la vente du gage. — Le droit de vendre les meubles n'avait pas besoin d'être stipulé ; la loi le reconnaissait comme une conséquence nécessaire de l'hypothèque, si nécessaire qu'elle annulait la clause contraire. (Paul. *Sent.* l. 2.—tit. 3.— § 5. — L. 4 *de Pign. act.* D.)

Cette vente était soumise à des formalités protectrices du droit du débiteur. Elle devait être précédée de trois sommations de payer, adressées au locataire, faute de quoi le créancier annonçait son intention de liquider le gage (Paul. *Sent.* l. 2. — tit. 2. — § 1). Ces sommations toutefois n'étaient pas nécessaires dans le cas où le bail stipulait expressément au profit du bailleur le droit de vendre à l'échéance sans sommation; on disait alors : *dies interpellat pro homine*; c'est-à-dire que l'échéance valait sommation. Toutes les opérations de la vente se devaient faire de bonne foi, sous les yeux du public et du débiteur lui-même. Des affiches annonçaient la vente; une dénonciation au débiteur lui faisait connaître le jour fixé pour l'opération; enfin la vente ne pouvait avoir lieu qu'aux enchères publiques (L. 4, C. *de Distrah. pign. et hyp.*). La violation de ces formalités protectrices, ou la preuve, par le locataire, d'une fraude commise dans la vente, l'autorisaient à recourir contre le créancier; la vente, non précédée de sommations, était considérée comme un vol. (L. 4 *de pign. Act.* Dig.)

Les meubles vendus, le bailleur se paie sur le prix. S'il est supérieur à sa créance, il doit restituer l'excédant au locataire, aux créanciers qui viennent au second rang; comme aussi lorsque le prix des meubles est insuffisant pour le désintéresser, il reste pour le surplus créancier chirographaire. (L. 35 *de pign. Act.* D.)

Section II.

§ I. — *Des actions.*

Deux actions naissent directement du bail : l'action

locati pour le bailleur ; l'action *conducti* pour le locataire; et chacune d'elles a pour but de contraindre l'autre partie à remplir ses engagements. Elles contiennent encore la sanction du bail, c'est-à-dire le droit de demander contre la partie qui néglige ses devoirs, la résiliation du bail d'abord, puis, suivant les circonstances, des dommages-intérêts pour réparer un préjudice éventuel ou déjà subi.

Ces deux actions sont de celles que l'on disait être de bonne foi dans la procédure formulaire, et qui se distinguaient des actions de droit strict par ce caractère, que le rôle du Juge n'y était pas limité à l'examen d'un seul fait rigoureusement determiné dans l'*Intentio* de la formule ; qu'au contraire il pouvait examiner aussi les circonstances, et statuer même dans le silence de la formule, sur le dol ou la violence opposés par le défendeur ; en d'autres termes que la formule de ces actions comprenait de droit l'exception de dol ; qu'elles autorisaient une demande reconventionnelle ; enfin que les pouvoirs du Juge lui permettaient de statuer sur les accessoires de l'obligation principale, les intérêts ou les fruits (Gaïus IV, 47, 107. — L. 8, Dig. 44-8). — Le Juge avait encore le droit de prendre des précautions pour l'avenir, d'augmenter les garanties données par l'une des parties (L. 41. D. *de judiciis*). Enfin si les deux parties se trouvaient débitrices l'une de l'autre, il pouvait opérer la compensation, et réduire le montant de la condamnation au reliquat dû par l'une d'elles (Instit. § 40, *de Act.*)

Outre l'action *locati*, le bailleur avait l'action *quasi-serviana* ou hypothécaire. Elle lui permettait de poursuivre la possession effective des meubles, afin de les vendre, et de se payer des termes échus (L. 14 *de Distr. Pign.* C.). Il est vrai que cette poursuite ne pouvait s'exercer contre les tiers détenteurs que lorsque l'aliénation avait été clandestine, et qu'on ne pouvait pas présumer l'acquiescement du bailleur. — La poursuite des meubles à fin de vente, et seulement pour les termes échus, était la conséquence de l'hypothèque du bailleur; mais il faut aller plus loin, et lui reconnaître, en sa qualité de créancier gagiste, le droit de poursuivre la possession du gage, si elle lui a été ravie, sans attendre l'échéance, et alors même qu'il ne lui est rien dû actuellement; seulement pour assurer une garantie aux loyers à venir (L. 5, *quib. mod. pign. soler.* — L. 20-28, *qui pot. in pign.* — L. 15, § 2, *de pign. D.*).

Ajouterons-nous l'action *pigneraticia* comme conséquence du droit de gage sur les meubles? Je ne le pense pas, car elle ne présentait d'utilité, ni pour le bailleur, ni pour le locataire. L'action *locati*, l'action *quasi-serviana*, et le droit de rétention suffisaient au bailleur pour obtenir la possession des meubles, la conserver, et la reconquérir sur les tiers. — Un interdit spécial *de migrando* donnait au locataire le moyen de reprendre ses meubles lorsqu'il avait acquitté toute sa dette. Sans doute ce n'était là qu'une voie personnelle, utile il est vrai, alors même que le locataire n'était pas propriétaire des meubles engagés, mais impuissante à les rechercher entre les mains des tiers. Mais le locataire n'avait-il pas alors la revendication, en sa qualité de propriétaire? Et s'il n'était pas propriétaire, le *jus pignoris* n'avait pu s'établir, et la même raison qui empêchait la revendication empêchait l'action *pigneraticia*.

§ II. — *Voies possessoires*.

Pendant la durée du bail des moyens juridiques étaient donnés au bailleur pour empêcher qu'on enlevât les meubles de la maison ou pour les y faire rentrer si sa vigilance avait été surprise. Ces moyens, c'étaient des interdits (1). L'interdit était un ordre du préteur,

(1) Dans le principe, l'interdit ne fut guère qu'un préambule de la revendication; une sorte de décret dans un intérêt privé, dont l'origine remontait aux *Vindiciæ* de l'*Actio sacramenti*, par lesquelles le préteur réglait l'ordre du litige. Ce qu'il avait de particulier, c'est que les deux parties se présentaient comme demanderesses, invoquant l'une et l'autre une *justa possessio* et demandant à être maintenues. La preuve de la *justa causa*, faite par l'une d'elles devant le *judex*, constituait l'autre possesseur injuste, et le *decretum* intervenait pour attribuer à la première une possession qu'elle était censée n'avoir jamais perdue. La question de propriété restait entière; seulement, celui que l'interdit avait rendu possesseur avait l'avantage de jouer le rôle de défendeur dans la revendication. — A l'origine, le préteur devait prononcer un interdit pour chaque espèce particulière. Plus tard, comme le préteur annonçait dans son *Edictum* les cas dans lesquels il accorderait l'interdit; et que, dans ces circons-

formulé *in rem*, il est vrai, comme le serait une loi (L. 1, § 3, *de interd.* D.) mais qui n'eut jamais qu'une autorité relative, restreinte aux parties qui l'avaient provoqué. Ce fut là cependant un des plus puissants moyens de transformation de l'ancien droit. Les interdits furent les instruments d'application de l'*Edictum* que publiait le préteur en entrant en charge; leur utilité, leur but furent principalement le règlement provisoire de la situation des parties; l'attribution de la possession *intérimaire;* ils étaient *interim dicta*, comme dit Cujas. Eurent-ils une autre fonction dans l'organisation du droit romain? La question est douteuse, et les textes ne donnent pas de réponse formelle. On les trouve dans les temps les plus reculés avec le caractère des actions de la loi, caractère qu'ils ont toujours conservé, et l'on reconnaît en eux les ancêtres de nos actions possessoires.

Parmi les interdits qui avaient leur utilité en matière de bail à loyer, le premier qui se présente, c'est l'interdit *de migrando*. Lorsque le bail avait pris fin, et que le locataire avait payé tout ce qu'il devait au bailleur, il avait incontestablement le droit de reprendre ses meubles. Il y arrivait d'abord par la revendication, mais il devait prouver qu'il était propriétaire, et de

---

tances, on était certain de l'obtenir, on supposa la formalité remplie, et l'on arriva droit à l'action. Cet usage est devenu général sous Dioclétien, et Justinien ne parle plus que d'actions possessoires.

plus, qu'il avait acquitté toute sa dette. Au moyen de l'interdit *de migrando*, il arrivait au même résultat par une voie plus simple : il n'avait pas à prouver qu'il était propriétaire des meubles, mais seulement que le bailleur avait été intégralement payé. De plus, l'interdit était efficace dans un cas où la revendication n'était pas possible, c'est lorsque le locataire n'était pas propriétaire des meubles (L. 5, § 1 *de migrando*).

Le droit de rétention du bailleur lui servait à empêcher que, pendant la durée du bail, les meubles du locataire sortissent de la maison. Ce droit s'exerçait par la *perclusio*, ou fermeture des portes et fenêtres (L. 9 D. *in quib. caus.*), moyen énergique d'empêcher la disparition du gage. Il correspondait à l'interdit *de migrando*, et pouvait, comme lui, être invoqué alors que, le locataire n étant pas propriétaire des meubles, l'action réelle était impossible, parce que le *jus pignoris* n'avait pu s'établir.

Le bailleur se trouvait donc en mesure de se défendre de la mauvaise foi du locataire et des prétentions des tiers. Mais il était désarmé vis-à-vis du véritable propriétaire des meubles, qui pouvait toujours les revendiquer sans être arrêté par le droit de rétention. Il était encore désarmé vis-à-vis d'un créancier du locataire dont l'hypothèque, sur les meubles, primait la sienne et qui, à l'échéance, en obtenait la possession par l'action hypothécaire.

Si les meubles avaient été enlevés de la maison par ruse ou par violence, il y avait, au préjudice du bailleur, un vol de la possession, donnant ouverture à l'action personnelle *furti*, contre l'auteur, quel qu'il fût, du détournement. Mais l'action *furti* était purement pénale et n'aboutissait qu'à une condamnation pécuniaire, dont profitait le demandeur. Restait à poursuivre la possession des meubles par l'action hypothécaire.

Une controverse s'est élevée au sujet de l'interdit salvien. On appelle ainsi un interdit organisé au profit du *Dominus* ou du *Locator fundi*, dans le but d'obtenir et de conserver la possession des objets expressément affectés à la garantie du bail. Cet interdit appartient sans aucun doute au bailleur d'un fonds rural, mais peut-il être invoqué par le propriétaire d'un *prædium urbanum?* Cujas tenait pour l'affirmative, et, depuis son opinion a été soutenue par M. Waugerow et plusieurs autres jurisconsultes allemands. La négative semble cependant plus probable. A l'appui de son opinion, le savant jurisconsulte invoquait les sentences de Paul (L. V, tit. 6, § 16). Il y est dit que, dans le cas où l'on a stipulé un gage sur la totalité des biens du débiteur, certains sont exceptés de droit, et ne peuvent donner lieu à un interdit. Cujas, raisonnant *e contrario*, en concluait que, à part les biens exceptés, tous les autres pouvaient donner lieu à l'interdit, et que les meubles du locataire étant laissés sous la loi commune, le bailleur à loyer conservait le bénéfice de l'interdit salvien. — Outre le danger de ce raisonnement *e contrario*, qui fait évidemment dévier la pensée du jurisconsulte romain, on peut répondre qu'il s'agit ici d'une hypothèse spéciale, du cas, bien rare, où un débiteur a dû hypothéquer la totalité de ses biens ; et que la formule restrictive de Paul n'est nullement une règle de principe, mais un moyen de protéger un débiteur contre les exigences de son créancier.

On a encore invoqué la loi 3 (*de pignor.* D.). C'est un créancier hypothécaire, comme notre bailleur à loyer, qui n'est pas payé à l'échéance. Il recourt au préteur pour obtenir de se saisir des objets engagés et de les vendre. Dans ce but, dit M. Vaugerow, le préteur accordera un interdit qui n'est autre que l'interdit salvien. Mais ne voit-on pas qu'il ne s'agit, en pareil cas, que de l'exercice de l'action hypothécaire, par laquelle le créancier qui avait la première hypothèque obtenait la possession à l'échéance (L. 66, pr. *de evict.*, D.), et que, si l'on comparaissait devant le préteur, c'est que la procédure de cette action et celle de l'interdit, en ce point du moins, étaient semblables.

D'ailleurs, l'interdit salvien serait sans utilité pour le locataire d'un *prædium urbanum.* N'oublions pas qu'il ne concerne que les garanties expressément stipulées, et non celles reconnues de droit. Par cette seule raison, les meubles du locataire lui échappent, tandis qu'il paraît imaginé pour le cas où l'on a étendu par convention l'hypothèque du fermage aux meubles et ustensiles du fermier. — Enfin le bailleur à loyer, pour empêcher la sortie des meubles, a un droit de rétention et la faculté de fermer les portes et d'enfermer les meubles, faculté que n'a pas le *locator fundi* vis-à-vis des meubles et ustensiles de son fermier (L. 9, *in quib. caus.* D.).

On accordait encore l'interdit *unde vi* au bailleur pour recouvrer la possession de sa maison lorsque le locataire, se disant propriétaire, refusait de restituer, pour jouer au procès, le rôle de défendeur (L. 3, § 2, *Ut. possid.*, D.).

L'interdit *uti possidetis* pouvait-il être invoqué par le locataire contre le bailleur, lorsque celui-ci venait troubler sa jouissance? On l'a soutenu, et, comme il est bien certain que le locataire ne possède pas *animo domini*, on a nié que cette possession fût, dans tous les cas, la condition de notre interdit. — On a invoqué la loi 3, § 3 (*Uti poss.* D.). Il y est question d'un locataire qui conduit le bailleur devant le préteur, et là se plaint du trouble apporté par le bailleur dans sa jouissance ; pour le faire cesser, il demande l'interdit *uti possidetis*. Le bailleur répond qu'il ne veut pas empêcher le locataire d'habiter la maison, mais de s'attribuer la possession. Telle est la loi, et, au premier abord, elle semble bien accorder au locataire l'interdit *uti possidetis*. Mais un examen plus attentif nous montrera qu'il ne s'agit pas en réalité d'un locataire, et que le trouble de jouissance, s'il a été l'occasion du conflit, n'est pas le point capital à résoudre. Si celui qui réclame l'interdit se prétend locataire, il n'est pas possesseur et la qualité même qu'il fait valoir est la condamnation de sa prétention. S'il se prétend locataire, que veut-il faire de l'interdit, puisque le bailleur déclare qu'il ne veut pas empêcher la jouissance; s'il est locataire, et dès lors possesseur précaire, pourquoi le même bailleur, qui lui concède la jouissance, se croit-il obligé de défendre sa possession? c'est qu'évidemment cette possession est attaquée. Il est donc probable, malgré l'obscurité du texte de la loi, qu'il n'est pas question d'un locataire se plaignant d'un trouble de jouissance; le débat ne porte pas sur ce point. C'est un possesseur qu'un tiers prétend être son locataire, et qui, en attendant le débat sur le fond, demande l'interdit *uti possidetis*, afin d'être maintenu en possession. Il n'est donc pas dérogé à la règle que la possession *animo domini* est la condition de l'interdit *uti possidetis;* et cette règle suffit pour exclure le locataire.

Les actions qui naissent du bail, tant réelles que personnelles, sont transmissibles aux héritiers des parties comme le bail lui-même. Au contraire, les successeurs particuliers restent étrangers au bail comme aux obligations personnelles qui en découlent. Mais ils peuvent être tenus des actions réelles, non pas comme débiteurs, mais comme détenteurs d'objets grevés d'un droit réel, d'une hypothèque, par exemple, et dès lors soumis au droit de suite.

DROIT FRANÇAIS.

DU BAIL A LOYER & DU PRIVILÉGE DU BAILLEUR.

De tous les contrats en usage dans une société organisée un des plus pratiqués est, sans contredit, le contrat de louage, et il présente ce phénomène particulier qu'il est toujours resté étranger aux peuples barbares, tandisque, toujours, il s'est développé avec les lumières et la civilisation. C'est qu'il ne peut exister que là où la loi est respectée et où l'exécution des contrats est sérieusement garantie par la puissance publique; en un mot il a besoin de crédit, et le crédit est fruit propre de la civilisation.

Son utilité est immense : il fournit des logements à ceux qui en manquent, des atiliers, des entrepôts, des magasins, des maisons, des ouvriers au commerce et à l'industrie, des bras à l'agriculture, et procure au capitaliste-propriétaire une source adondante de revenus. De là son importance et l'intérêt que son étude doit inspirer.

Nous n'étudierons qu'une des variétés du louage, le bail à loyer appliqué aux maisons, usines et constructions de toute nature, et, dans cette étude, nous passerons rapidement sur tous les points communs au droit français et au droit romain, nous réservant d'étudier plus à fond les règles spéciales à notre droit.

Nous adopterons la même division que dans la première partie.

CHPITRE I.

Du contrat. — Ses éléments essentiels. — Preuve. — Transcription. — Nature du droit du preneur.

On entend par bail à loyer un contrat consensuel et synallagmatique par lequel l'une des parties promet de fournir la jouissance temporaire d'une maison, l'autre un prix déterminé. De là deux créances réciproques et correspondantes.

I

Les règles générales des contrats sont applicables au bail à loyer. — Les éléments essentiels sont : 1° Un objet licite et suffisamment déterminé pour que le débiteur ne puisse pas se libérer par des prestations illusoires ; — 2° un prix arrêté ou susceptible d'être fixé plus tard, dans des circonstances rigoureusement prévues, et sans l'intervention des parties contractantes; — 3° le consentement éclairé et libre du bailleur et du locataire sur la nature du contrat, l'objet et le prix.

1° Quelle que soit la chose louée, il faut qu'elle existe lors du contrat; si elle a péri, la bonne foi des parties est impuissante à créer des obligations dont l'objet manque. Toutefois la preuve, faite par le preneur de bonne foi, de la mauvaise foi du bailleur, c'est-à-dire, de la connaissance qu'il avait de la destruction de la chose, le constitue coupable de dol, et dès lors, passible de dommages-intérêts.

Les choses fongibles, considérées comme telles par les parties, ne peuvent être louées parce qu'à la fin du bail la restitution individuelle n'en serait pas possible. — On ne peut louer la chose dont on est propriétaire, à moins qu'un autre n'en ait l'usufruit. — Enfin le bail de la chose d'autrui est nul, en ce sens qu'il n'engage pas le véritable propriétaire, qui peut toujours expulser le preneur. Il vaudra cependant entre les parties, et a l'effet d'autoriser le recours en garantie du preneur évincé contre son bailleur. Mais il ne faut pas croire que le bail n'est valable que s'il est passé par le propriétaire, ou par ceux qui ont mandat de lui ; dans certaines limites c'est un acte d'administration, et il rentre dans les pouvoirs d'un administrateur légal et d'un héritier apparent.

2° Le bail à loyer est un contrat commutatif et dès lors ne peut être gratuit. Le prix doit consister en argent et ne peut être fixé que dès le début, par le bail même. Cependant on admet la clause qui charge un tiers de le fixer ultérieurement. Le bail devient alors conditionnel, c'est-à-dire que, si le tiers désigné ne peut ou ne veut fixer le prix, la résolution peut être demandée en justice et le bailleur n'est pas tenu d'accepter, pour l'avenir, la fixation en justice et sur expertise qui devra forcément avoir lieu pour la jouissance déjà fournie.

Le prix doit être sérieux. Cependant la vileté du prix ne pourrait entraîner la résiliation du contrat, mais elle en pourrait changer la nature. Car, si le demandeur prouve que le prix n'est que fictif, et que l'opération, en réalité, est gratuite, le contrat change de nom, il devient un commodat ou un mandat, mais il subsiste. — D'un autre côté, si on invoque la lésion, on répond que, en dehors du cas de dol, la lésion ne saurait autoriser la résolution du bail. Pothier (*du louage* n° 36) et Dumoulin en ont donné la raison : c'est que le louage, étant en réalité une vente de jouissance, cette jouissance ne peut être considérée comme un immeuble, et qu'il est de principe que la rescision pour lésion ne concerne que les immeubles.

3° Le troisième élément essentiel, c'est le consentement des parties. Il doit être libre, éclairé, et porter sur la nature du contrat, le prix et l'objet loué. Il n'est assujetti à aucune forme et vaut aussi bien s'il est oral que s'il est écrit. L'art. 1715 n'a pas modifié ce principe, car il ne concerne pas la formation du contrat, mais seulement la preuve qu'on en veut faire, dans le cas particulier où il n'a encore reçu aucune exécution. Cependant il se peut que les parties aient stipulé que le bail devrait être écrit; c'est aux juges de décider, d'après les circonstances, quel sens les parties ont entendu donner à cette clause; le plus souvent elle sera la condition du bail.

II. *Capacité.*

Le bail est un acte d'administration, un moyen de rendre productif un immeuble; d'où la conséquence qu'il est compris dans les pouvoirs généraux d'un administrateur. Peuvent donc passer un bail, outre le propriétaire, le mari mandataire de la femme en vertu du contrat de mariage, l'usufruitier, l'emancipé, le demi-interdit, le tuteur, le père administrateur légal, l'envoyé en possession provisoire, toutes personnes incapables de faire acte de disposition, par exemple de constituer des servitudes. — La loi n'a pas soumis tous ces baux à la même règle; elle impose des restrictions, dont nous dirons tantôt le sens, à ceux passés par certains de ces administrateurs : L'usufruitier (art. 595); le mineur émancipé (art. 481); le tuteur, le père administrateur, le mari (1429-1430-1718). — La règle de tous ces cas particuliers est dans l'article 1429, auquel tous les autres articles renvoient. Cet article n'a pas pour but de limiter les pouvoirs de l'administrateur, et de le rendre incapable de passer des baux de plus de neuf années ; il veut dire seulement que, lorsque le propriétaire sera entré ou rentré dans l'exercice de ses droits, le bail passé par l'administrateur, quelle que soit sa durée, ne pourra pas lui être opposé pour plus de neuf ans. Ce n'est pas une loi restrictive des pouvoirs d'un mandataire, c'est une loi de protection à l'égard d'un incapable ; une sorte de *restitutio* pour partie contre l'engagement du mandataire, de telle sorte que par exemple un bail de 25 ans, qui eût valu pour toute sa durée, si l'administration eût continué, se trouve réduit à huit ans, si, après une année d'existence, le mariage ou l'usufruit ont pris fin. Les administrateurs, quels qu'ils soient, peuvent donc passer des baux de plus de neuf années ; ils ont capacité suffisante et sont liés, pour toute la durée stipulée, aussi bien que le locataire, aussi bien que le propriétaire lui-même, seulement, si les pouvoirs de l'administrateur viennent à finir, ce bail ne peut être obligatoire pour le propriétaire que jusqu'à l'expiration de la période courante de neuf années. Tel est le sens de l'art. 1429 qui régit toute la matière.

Appliquée au mineur émancipé, cette théorie semble en désaccord avec les premiers mots de l'art. 481 ; nous allons voir qu'il n'en est rien. Le même article 481, *in fine*, déclare irréductibles les baux qui ne dépassent pas neuf ans ; l'art. 1429 contient la même décision. Il déclare implicitement réductibles à neuf ans les baux qui dépassent cette durée ; l'art. 1429 en fait autant en se plaçant à l'expiration de l'administration. Reste à savoir si le bail est réductible à neuf années pendant que dure l'administration. L'art. 481 laisse cette question irrésolue, car elle n'offre, pour l'émancipé, aucun intérêt pratique, le bail de neuf ans étant plus que suffisant pour arriver à la majorité. Toutefois, si on veut la résoudre en théorie, il faudra appliquer 1429 et donner au bail son plein effet tant que durera la minorité ; l'art. 481 ne s'oppose pas, et l'art 1718 renvoie à l'art. 1429.

Ces restrictions ne sont pas applicables au majeur pourvu d'un conseil judiciaire. L'art. 513 lui interdit certains actes, mais quant à tous les autres il reste investi des pleins pouvoirs du propriétaire majeur ; nous n'avons rien de pareil à l'art. 481, et l'art. 1718 ne dit pas un mot du demi-interdit.

Faut-il appliquer à l'envoyé en possession provisoire la restriction de l'art. 1429 ? Je ne le crois pas. Les pouvoirs de cet administrateur sont plus étendus que ceux d'un administrateur ordinaire, à raison de l'incertitude sur le sort du propriétaire, de l'intérêt de l'envoyé comme héritier présomptif, enfin de la caution qu'il est tenu de donner aux termes de l'art. 120. La seule restriction qui soit contenue dans les articles qui le concernent est dans l'art. 128 et n'a trait qu'aux aliénations d'immeubles et aux constitutions d'hypothèque.

Même solution pour les baux passés par un héritier

apparent ; ils sont opposables pour toute leur durée, même au-delà de neuf ans à l'héritier véritable. Sans doute, en droit, l'héritier apparent n'est qu'administrateur, mais à l'égard des tiers il est propriétaire. Pour eux la prise de possession est le seul signe apparent de l'acquisition de la propriété, et il ne faut pas les rendre victimes de la négligence de l'héritier véritable, qui seul ici est en faute.

Le co-propriétaire par indivis peut-il, par le bail qu'il passe de la chose commune, obliger ses co-propriétaires, alors qu'il n'a reçu d'eux aucun mandat spécial d'administrer ? La négative est généralement admise. Il ne s'agit pas ici d'une société, d'un état accidentel d'indivision. L'art. 1859 est inapplicable, car il suppose des associés qui se sont choisis et qui se connaissent ; un écrit qui en témoigne et d'où découle une délégation réciproque des pouvoirs d'administration ; tandis que l'indivision est un état fortuit et transitoire, qui ne met en présence que des étrangers et ne suppose en aucune façon le même mandat. Ainsi le locataire ne pourra opposer le bail aux co-propriétaires, même pour neuf ans, mais il pourra l'opposer pour sa part à son bailleur, sans préjudice d'une indemnité pour le reste, s'il ne préfère demander la résiliation pour le tout et de plus amples dommages-intérêts.

Le bail passé, *pendente conditione*, par le propriétaire sous condition résolutoire, survit-il à la résolution, et est-il opposable à celui que cette résolution fait redevenir propriétaire. La solution est donnée par l'art. 1673

2° qui décide que, pour toute sa durée, le bail est obligatoire pour le propriétaire. Cette solution est peut-être utile en pratique, mais elle se justifie à grand'-peine par la bonne foi des tiers, ou par l'idée d'un mandat. M. Troplong la trouve fort simple « le bailleur était propriétaire *pendente conditione,* et la résolution, qui vient plus tard le dépouiller, ne saurait atteindre les actes qu'il a fais de bonne foi. » Explication bien étrange chez un partisan du droit réel, puisqu'elle justifierait aussi bien le maintien de tous les droits réels constitués sur l'immeuble, et que le même art. 1673 les déclare résolus, sans que l'on aperçoive la raison qui a fait maintenir le droit du preneur. — Pour les partisans du droit personnel la solution est inexplicable ; il n'y a pas à songer à invoquer l'art. 1743, puisque celui qui est redevenu propriétaire, n'est pas l''ayant-cause de celui qui a passé le bail, et, qu'aux termes de l'art. 1179, il est censé n'avoir jamais cessé de l'être. Reste l'idée du mandat qui, si elle était admise, ne comprendrait que l'administration, et ferait réduire le bail à neuf années, alors que l'art. 1673 le valide pour toute sa durée.

Sur un bail passé par un gérant d'affaires il est fort douteux que le débat puisse s'élever. Car si le bail est avantageux pour le propriétaire, il le ratifiera, l'acceptera et le fera sien. Si le propriétaire se plaint c'est que l'affaire lui paraît mauvaise ; la gestion, n'étant pas utile, ne lui est pas opposable, et le bail tombe pour le tout.

III. *De la preuve.*

Les règles sur la preuve du bail contiennent plusieurs dérogations importantes aux règles ordinaires sur la preuve des contrats. Il est bon de montrer au juste en quoi consiste la dérogation ; nous examinerons successivement les deux hypothèses que la loi a faites.

1° — Le bail n'a encore reçu aucune exécution, et le débat s'élève sur son existence même. L'une des parties nie qu'elle ait jamais rien loué, l'autre affirme qu'il y a eu un bail et demande à faire la preuve ; quelle preuve sera reçue? La preuve par écrit d'abord, si le bail a été rédigé, ce qui ne signifie en aucune façon que l'écrit soit nécessaire pour la validité du contrat, puisque d'autres preuves sont admises, à défaut d'écrit, ce qui suppose déjà existant le contrat qu'elles tendent à justifier. — Lorsque le bail n'a pas été rédigé par écrit la preuve n'en peut être faite par témoins ou par présomptions de l'homme (Art. 1353), même au-dessous de 150 fr. ; cette première dérogation résulte de l'art. 1715 (cass. req. 18 nov. 1861 - sir. 61. 1. 38. — Pau, 17 nov. 1865 - sir. 66. 2. 153.) —

Une deuxième dérogation est contenue dans le même article : un commencement de preuve par écrit n'autorise pas l'admission de la preuve testimoniale ; l'art. 1715 la repousse pour tous les cas sans distinction, et déroge ainsi à la règle de l'art. 1347. Certains auteurs refusent d'admettre cette dérogation, et croient que la preuve testimoniale est possible lorsqu'elle s'appuie sur un commencement de preuve par écrit. Mais cette opinion n'est pas justifiée, car l'art. 1715 ne fait aucune distinction, et, d'ailleurs, si l'on considère dans quel cas l'art. 1347 admet la preuve testimoniale, en faveur du commencement de preuve par écrit, on voit qu'il s'agit de l'hypothèse où la prohibition de la preuve testimoniale n'aurait d'autre raison que l'élévation au-dessus de 150 fr. du *quantum* de la demande, question ici fort indifférente, puisque l'interdiction de la preuve testimoniale s'applique aussi bien au-dessous de 150 fr.

Comment donc prouver un bail verbal ? On le peut : 1° Par l'aveu de la partie qui fait pleine foi contre elle (art. 1356) ; 2° par un interrogatoire sur faits et articles, comme moyen d'arriver à un aveu, et à la condition qu'il fournisse des faits assez précis et concordants pour que l'aveu en découle nécessairement (Cass., 12 janv. 1864. — Sir., 64, 1, 88. — Paris, 6 mai 1862). — 3° Par le serment (art. 1715). Il n'est pas question ici du serment supplétoire, comme on l'a voulu induire des mots : « déféré à celui qui nie. » Le serment supplétoire n'intervient que pour compléter une preuve qu'il suppose déjà à moitié faite, et, comme l'art. 1715 ne distingue pas, il faudrait qu'il fît preuve complète, ce qui est incompatible avec sa nature. Il est déféré, non par le juge, mais par la partie, aussi bien celle qui affirme que celle qui nie, car la loi n'a statué que sur le *plerumque fit*, et alors intervient ce contrat judiciaire qui met fin à tout différent : Si vous jurez, je reconnais que j'ai tort, c'est le serment décisoire.

La restriction de l'art. 1715 est une grave dérogation au droit commun, et doit être restreinte au cas spécialement prévu, la preuve de l'existence du bail ; elle ne concerne donc pas la preuve des conditions. Cependant on doit l'appliquer à la preuve de la résiliation du bail, alléguée par une partie, niée par l'autre, sans qu'il y ait eu aucune exécution, parce que la résiliation met en question l'existence même du bail, et qu'elle est un contrat de même nature.

L'interdiction de la preuve testimoniale a pour but d'empêcher une foule de petits procès qui ne manqueraient pas de naître, et dans lesquels les frais de la preuve testimoniale absorberaient souvent la valeur de l'objet en litige. Elle ne s'applique pas à l'hypothèse où l'on voudrait prouver par témoins l'existence d'un écrit destiné à constater le bail, et qui aurait été perdu ou détruit par force majeure.

2° L'exécution du bail a commencé. Des faits sont intervenus : le locataire a garni la maison de meubles ; le bailleur a reçu une part du prix et on lui oppose sa quittance. Sur quel point, en pareil cas, la discussion pourra-t-elle naître? Pourra-t-elle s'élever, comme tout à l'heure, sur l'existence même du bail? Je ne le pense pas. Remarquons d'abord que l'exécution n'est opposable qu'à la partie qui a exécuté ; qu'à partir de ce moment, elle ne peut plus invoquer l'art. 1715, et tombe sous l'application du droit commun ; mais cela ne concerne pas l'autre partie, qui, jusqu'à ce qu'elle ait elle-même exécuté, peut invoquer le bénéfice de l'art. 1715. La raison en est que tout acte d'exécution est, de la part de celui qui exécute, un aveu de l'existence du bail, et, qu'après l'exécution, le seul moyen de nier cette existence serait de nier l'exécution en attribuant un autre sens, s'il est possible, à l'acte qui est intervenu. Cela montre bien le lien qui unit la preuve de l'exécution à celle de l'existence; pourquoi l'art. 1715 exige deux conditions pour être applicable : que le bail soit nié, et qu'il n'ait pas reçu d'exécution; conditions qui, en réalité, n'en font qu'une seule parce que l'exécution est un aveu, et que la preuve de cette exécution rend l'existence du bail incontestable.

De tout cela, il résulte que la preuve de l'exécution est un moyen détourné de prouver l'existence du bail, de sorte que, si l'on autorise l'une des parties à prouver, par témoins, l'exécution du bail, on lui offre un moyen tout simple d'éluder les dispositions de l'art. 1715. La Cour de cassation l'a compris ainsi, et, dans un arrêt du 12 janv. 1864 (Sir., 64, 1, 88), elle étend l'art. 1715 à la preuve de l'exécution du bail.

L'existence du bail étant reconnue, la discussion peut naître encore sur bien des points. Il faudra appliquer dans tous les cas, sauf les exceptions dont nous allons parler, les règles ordinaires sur la preuve : admettre la preuve testimoniale toutes les fois que la demande ne dépassera pas 150 fr. ; la repousser si elle dépasse cette somme, à moins qu'elle ne s'appuie sur un commencement de preuve par écrit (1341 et s.). Quelques auteurs, raisonnant *e contrario* de l'art. 1715, ont admis, même au-dessus de 150 fr., la preuve testimoniale sous le prétexte que la disposition de l'art. 1715 est indivisible, et que, si, à défaut d'exécution, la preuve testimoniale n'est pas admise, elle doit toujours l'être lorsque l'exécution a eu lieu. On peut leur répondre : 1° Que l'argument *e contrario* n'a de valeur que lorsqu'il s'appuie sur une disposition exceptionnelle pour rentrer dans le droit commun ; l'entendre en sens inverse serait lui donner trop de portée, puisqu'il créerait des exceptions, qui sont de droit étroit de leur nature ; — 2° que d'ailleurs ce même argument, *e contrario*, se retourne contre ceux qui l'invoquent. En effet, l'interdiction de la preuve testimoniale, que contient l'art. 1715, ne concerne que les baux qui ne dépassent pas 150 fr., car déjà cette preuve était prohibée par les art. 1321 et s. pour tous ceux qui dépassent cette somme. L'argument *e contrario* ne peut pas avoir plus de portée que l'argument direct ; celui-ci ne s'applique qu'aux baux de 150 fr. et au-dessous, celui-là ne s'applique qu'aux mêmes baux.

Ainsi nous n'aurons qu'à appliquer les règles du droit commun et qu'à admettre ou à rejeter la preuve testimoniale suivant que le *quantum* de la demande sera de 150 fr. ou d'une somme plus forte. La valeur du bail sera déterminée, non d'après la valeur des objets loués, mais d'après la somme qui forme le prix du bail pendant toute la durée qu'on prétend lui assigner (Troplong, I, 116. — Aubry et Rau, § 364, not. 11.).

La preuve du prix d'un bail verbal, alors qu'elle ne peut pas être faite par des quittances, est soumise à des règles toutes spéciales. La preuve testimoniale est rejetée, et l'art. 1716 décide que la fixation faite par le bailleur, et accompagnée du serment qu'il l'affirme sincère et véritable, sera tenue pour telle sans que la preuve contraire soit admise, sans qu'on puisse lui opposer le serment du locataire. Celui-ci n'a qu'une ressource, encore bien périlleuse, c'est de provoquer une expertise, dont il devra payer les frais, si sa réclamation n'est pas reconnue fondée, et si le prix fixé par les experts est supérieur à celui qu'il avait fixé lui-même. Cette dérogation au droit commun, toute de faveur pour le propriétaire, ne s'explique guère que par le désir des législateurs que tous les baux soient passés par écrit. On doit la considérer comme une des nombreuses prérogatives, injustes souvent, accordées par la loi aux bailleurs sous le prétexte de diminuer les petits procès : elle est appelée à disparaître.

La preuve de la durée du bail ne peut être faite que par écrit ; de sorte que, si le bail a été passé verbalement, il rentre dans la classe des baux sans terme, et, quant à sa durée, se trouve réglé par les usages locaux (art. 1736). Cette solution découle de l'idée que le bail étant divisible en une série de créances successives de prix et de jouissance, la preuve de sa durée, et du terme qui la limite, se confond avec celle de son existence à venir et de sa résiliation, toutes preuves auxquelles nous avons déjà appliqué l'art. 1715.

IV. *De la Transcription.*

La transcription, appliquée aux baux de longue durée, est une invention toute récente ; ni le droit romain, ni l'ancien droit français, ne connurent rien de pareil. Elle a pour but d'atténuer, vis-à-vis des tiers, les effets d'une autre disposition nouvelle, l'art. 1743, en faisant connaître à l'avance aux acheteurs le bail que cet article leur impose. Elle a pour but aussi de remédier à un usage tout récent qui, peut-être plus que tout le reste, a provoqué la disposition nouvelle : c'est l'usage des baux de très-longue durée, utiles sans doute pour la création des établissements industriels ou commerciaux, mais que leur clandestinité n'empêchait pas d'être opposables pour toute leur durée à l'acheteur. Sans doute le bail, renfermé dans certaines limites, est un acte d'administration que l'acheteur a dû prévoir ; mais au delà, il dépasse les pouvoirs d'un administrateur, quelque larges qu'on les suppose ; il n'a pu entrer dans les prévisions de l'acheteur, de sorte que la crainte d'un pareil bail a pu souvent éloigner des acheteurs en discréditant la marchandise. La loi du 23 mars 1855 est venue apporter la publicité et tout s'est trouvé réparé.

Dans son art. 2, n°s 4 et 5 et son art. 3, cette loi distingue deux classes de baux : 1° Ceux qui ne dépassent pas dix-huit ans, que l'acheteur a pu prévoir et qui restent clandestins. Les règles du Code continuent à leur être seules applicables ; à leur égard la transcription est non-avenue et n'existe pas. D'où il résulte que, pour l'application de l'art. 1743, lorsqu'on voudra opposer le bail à l'acheteur de l'immeuble, il faudra qu'il ait date certaine avant la vente ; la date certaine postérieure à la vente, quoique antérieure à sa transcription, n'aurait pas le même effet. — 2° Les baux de plus de dix-huit ans qui, sans changer de caractère, sont soumis à la transcription, et se comportent, sous bien des rapports vis-à-vis des tiers, comme des droits réels. — Outre les baux de plus de dix-huit ans, cette même loi soumet à la transcription les quittances ou cessions anticipées d'au moins trois années de loyer. La raison est la même : l'acheteur n'a pu prévoir, et, si l'on a exigé ici la publicité pour un nombre d'années beaucoup moindre que dans le premier cas, c'est que l'acte dont il s'agit est plus anormal et improbable.

Quel est l'effet de la transcription des baux de plus de dix-huit ans ? Hâtons-nous de dire que la transcription n'est pas une condition de validité. C'est un moyen de publicité, un instrument de crédit qui ne concerne en aucune façon les rapports des parties contractantes, mais seulement les tiers et encore, comme nous allons le voir, certains tiers. Supposons que la transcription du bail, ou des quittances de loyer à échoir, n'ait pas été faite ; qui pourra se prévaloir de ce défaut de transcription ? Jamais les parties ; certains tiers seulement qui, aux termes du § 3 de la loi de 1855, réunissent les conditions suivantes :

1° Qu'ils soient ayant-cause du propriétaire bailleur, par conséquent tous ayant-cause de la même personne;

2° Que les droits qu'ils ont acquis de lui soient de ceux que la loi de 1855 soumet à la transcription;

3° Ces deux conditions remplies, pour que le tiers puisse opposer son droit, peu importe l'époque où il l'a acquis, mais il faut qu'il soit transcrit avant la transcription du bail.

Tels sont les tiers qui pourront utilement se prévaloir, contre le locataire, du défaut de transcription du bail. Parmi ceux qui ne le pourront pas se trouvent: le bailleur; le légataire de l'immeuble loué par application du 2°; enfin tous ceux qui n'auront fait transcrire leur droit qu'après la transcription du bail. — Ainsi lorsqu'un bail sera passé avant la vente et transcrit avant elle, en vertu des art. 1743, C. Nap. et 3, loi 1855, l'acheteur devra le subir pendant toute sa durée, même au delà de dix-huit ans. — Au contraire, si ce même bail, quoique passé avant la vente, est transcrit après elle, il se trouve, non pas résolu, mais réduit; il passe dans la deuxième catégorie des baux et ne peut jamais être opposé à l'acheteur pour plus de dix-huit ans. Nous verrons tantôt ce que cela veut dire.

Une difficulté sérieuse s'élève lorsqu'il s'agit d'appliquer la même règle au bail de plus de 18 ans, passé après la vente, mais transcrit avant elle. Ce bail vaudra-t-il pour toute sa durée, pour dix-huit ans seulement, ou bien est-il nul, faute de capacité du bailleur? Les raisons qui peuvent faire hésiter dans le choix d'une solution sont : 1° d'une part, que la loi de 1855 assimile à peu près complétement à un droit réel le bail de plus de dix-huit ans, lorsqu'il s'agit de l'application de l'art. 1743, et que, dès lors, il doit être traité comme une servitude, et primer le droit de l'acheteur ; — 2° d'autre part, on répond que, dès la vente, le bailleur a cessé d'être propriétaire et que la loi de 1855 ne modifie pas les règles de capacité qui le concernent. — L'art. 1743, pour rendre le bail opposable à l'acheteur, exigeait qu'il eût date certaine antérieure à la vente ; la loi de 1855 n'a pas retranché cette condition ; elle en a seulement ajouté une autre, la transcription ; et il serait vraiment étrange qu'un bail de plus de dix-huit ans pût être valable, parce qu'il a été transcrit, alors que le vendeur n'aurait pas pu passer un bail de moindre durée. Sans doute, je sais fort bien que la maxime « qui peut le plus, peut le moins » reçoit des exceptions, par exemple dans notre loi ; mais on accordera qu'elles sont assez rares et assez anormales pour ne pas être créées à plaisir. La confusion vient de ce que l'on oublie trop que le bail ne confère pas de droit réel, et qu'il n'est soumis que par exception au régime de la loi de 1855. Valider le bail en pareil cas serait permettre au vendeur d'obliger son acheteur, sans avoir reçu aucun mandat. Ce serait se placer tout à fait dans l'hypothèse de l'art. 1119 ; car, dans le bail qui est passé, ce n'est pas le vendeur qui s'engage, c'est l'acheteur qui se trouverait engagé ; le vendeur est un tiers sans mandat, et l'art. 1119 ne permet pas que les tiers puissent promettre le fait d'autrui. Le bail sera donc nul pour le tout, sans qu'il puisse être sauvé par la transcription.

Les règles ci-dessus s'appliquent sans difficulté à la transcription des quittances ou cessions anticipées de plus de trois années de loyer. Le défaut de transcription pourra être opposé par les mêmes personnes, seulement il aura pour effet, non pas de faire réduire à trois ans, l'acte défectueux, mais de l'annuler pour le tout, au moins à l'égard de la personne qui invoque le défaut de transcription.

Le défaut de transcription d'un bail de plus de dix-huit ans a pour effet d'empêcher qu'il soit jamais opposable pour plus de dix-huit années à ceux qui peuvent se prévaloir de cette omission. — Deux interprétations de cette règle : 1° Dans tous les cas le bail vaudra pour dix-huit ans à partir de la vente, car c'est seulement à partir de la vente qu'il est opposé ; — 2° la loi parle de dix-huit ans comme d'un *maximum*, sans rendre dans tous les cas ce chiffre obligatoire, sans que les dix-huit ans commencent nécessairement le jour de la vente. Quelle solution adopter ? La deuxième me paraît plus conforme à l'esprit et à la lettre de la loi ; c'est la théorie de l'art. 1429, transportée dans notre matière. Nous diviserons donc le bail en séries de dix-huit années, à partir du commencement ou du renouvellement du bail, et lorsqu'on opposera le défaut de transcription, le bail se trouvera réduit à la période courante de dix-huit ans. Il est vrai que le vendeur aura toujours la ressource de renouveler le bail la veille de la vente, et de le rendre ainsi opposable à l'acheteur pour dix-huit ans moins un jour; mais cela n'a rien de si étrange puisqu'il lui suffisait de le faire transcrire quelques heures avant la vente, pour le rendre opposable bien au delà de dix-huit ans.

Les règles qui concernent la vente d'un droit de propriété s'appliquent aussi bien à la vente d'une servitude, d'un usufruit, ou de tout autre droit soumis par la loi à la transcription. Elles s'appliquent donc, quoiqu'on en ait dit, au créancier hypothécaire. Dès lors si l'on suppose un créancier hypothécaire, ayant transcrit son hypothèque avant la transcription du bail, il ne pourra jamais se voir opposer le bail pour plus de dix-huit années. On a prétendu, il est vrai, que cette solution n'était pas admissible parce que le créancier hypothécaire avait suivi la foi de son débiteur, et ne pouvait dès lors invalider ses actes. Mais un pareil raisonnement ne peut être accepté : d'abord parce qu'il établirait des distinctions entre droits de même nature, permettant d'opposer le bail à l'hypothèque, non à l'usufruit ou à la servitude ; — de plus, parce qu'il n'est pas vrai que le créancier ait voulu suivre la foi de son débiteur. La preuve en est dans cette hypothèque même qu'il a demandée et qu'il a fait transcrire ; faible marque de confiance envers le bailleur, puisqu'elle n'est qu'une précaution contre lui.

Le conflit s'élèvera le plus souvent à l'ocasion de la saisie de l'immeuble loué, alors que le locataire se trouvera en présence de créanciers chirographaires et d' hypothèques transcrites ; et nous avons à rechercher comment se combinera l'art. 684 du Cod. Proc. avec la disposition nouvelle de l'art. 3 de la loi de 1855. D'abord la loi de 1855 ne peut être invoquée que par les propriétaires de droits transcrits, ce qui exclut les créanciers chirographaires, tandis que l'art. 684 Cod. Proc., concerne indistinctement tous les créanciers. Examinons plusieurs hypothèses.

1° Le bail n'a été consenti, ou n'a acquis date certaine, par transcription ou autrement, qu'après le commandement qui doit précéder la saisie, aux termes de l'art. 673 Cod. Proc. En pareil cas tous les créanciers chirographaires ou hypothécaires, l'adjudicataire même de l'immeuble, peuvent demander, non pas la réduction, mais l'annulation du bail, sans qu'il y ait à distinguer suivant sa durée, sans que la transcription puisse le faire vivre.

2° *Hypothèse.* — Plaçons-nous avant le commandement et après la transcription de l'hypothèque qui vient contester le droit du preneur. — S'il s'agit d'un bail qui ne dépasse pas dix-huit ans, la loi de 1855 ne sera d'aucun secours au créancier hypothécaire ; il doit subir la loi commune de l'art. 684, et sa position n'est pas meilleure que celle des créanciers chirographaires ; le bail vaudra pour toute sa durée. — S'il s'agit d'un bail de plus de dix-huit années, il faut sous-distinguer : 1° le bail a été transcrit avant la transcription de l'hypothèque ; pas de difficulté en pareil cas ; le bail est opposable à tous les créanciers pour toute sa durée. 2° Le bail n'est pas transcrit ou ne l'a été qu'après la transcription de l'hypothèque. Il sera néanmoins opposable pour toute sa durée aux créanciers chirographaires, pourvu qu'il ait acquis date certaine avant le commandement à fin de saisie. Il en sera tout autrement vis-à-vis des créanciers hypothécaires, qui pourront alors se prévaloir utilement de l'art. 3 de la loi de 1855, et faire réduire le bail. Dans une opinion, que j'ai combattue, et qui, dans tous les cas, réduit le bail à dix-huit années, à partir du moment où l'on invoque l'art. 3 de la loi de 1855, on devra se demander quel sera le point de départ de cette réduction ; sera-ce la date de l'inscription de l'hypothèque ? Celle du commandement ? Pour moi cette question est indifférente puisque je n'accorde d'autre effet à la réduction de l'art. 3, que de limiter le bail à la période courante de dix-huit ans.

Ainsi le propriétaire, menacé d'une saisie, peut, jusqu'au commandement, consentir sur son immeuble des baux de dix-huit ans, qui seront opposables à tous pourvu que, avant ce commandement, ils aient acquis date certaine. — Il peut consentir des baux de plus de dix-huit ans opposables, pour toute leur durée, aux créanciers chirographaires, s'ils sont certifiés avant le commandement, et aux créanciers hypothécaires s'ils sont transcrits avant la transcription de l'hypothèque.

Faute de quoi ils pourront être annulés dans le premier cas, réduits dans le second. Le commandement fait, les baux que peut passer le propriétaire n'obligent aucun de ses créanciers ou ayant-cause.

V. *De la nature du droit du preneur.*

Une grave question a longtemps divisé les auteurs et la jurisprudence; celle de savoir si l'on doit accorder au preneur un droit réel, ou bien une simple créance de jouissance. M. Troplong s'est fait le champion du droit réel, mais il est à peu près seul de son avis, et, bien qu'aujourd'hui l'opinion contraire ait généralement prévalu, il n'est pas inutile de dire quelques mots du débat. Toute la controverse roule sur la portée que l'on doit donner aux art. 1743 Code Nap. et 684 Code Proc. Ces articles supposent-ils une règle générale, dont ils ne seraient que l'application, l'attribution d'un droit réel au preneur; ou bien ne sont-ils qu'une dérogation aux principes ordinaires en matière de créance? Toute la question est là.

Nous avons vu qu'à Rome le preneur n'avait qu'une créance de jouissance, opposable seulement au bailleur, et point du tout à l'acheteur ou à tout autre de ses ayant-cause particuliers. Seulement il intervenait assez fréquemment une clause particulière, par laquelle le bail était imposé à l'acheteur; convention utile au bailleur qu'elle mettait à l'abri d'une action en dommages; utile au locataire qui n'était pas troublé dans sa jouissance, mais qui payait sa sécurité par un loyer plus élevé ; si utile, que le fisc la voulut admettre dans tous les cas, et qu'une loi déclara qu'on la présumerait stipulée dans toutes les ventes faites par le fisc (L. 50 D. *De Jure fisci*). Voilà donc un cas particulier dans lequel la loi subroge un acheteur à son vendeur, quant à ses obligations vis-à-vis du locataire, sans pour cela que ce dernier ait autre chose qu'une créance de jouissance. Le cas est unique, il est vrai, mais cela tient au respect qu'eurent toujours les jurisconsultes romains pour la liberté des conventions.

Dans l'ancien droit français, le droit du preneur conserve son caractère personnel, au moins toutes les fois qu'il s'agit d'un bail à loyer. Certains baux, dits à domaine congéable, investissent le preneur d'une sorte de droit de superficie temporaire, d'un droit réel par conséquent ; les baux emphytéotiques se multiplient et Ferrière leur assimile tous les baux de plus de neuf ans, en ce sens qu'ils donnent au preneur un droit réel. Il en est autrement quant aux baux à loyer ; Pothier nous enseigne qu'ils faisaient le locataire créancier de jouissance, mais qu'il était d'usage, d'imposer à tout acheteur d'un immeuble loué, la clause d'entretenir le bail, et qu'une telle stipulation, rare d'abord, était devenue si commune de son temps, qu'elle était presque une clause de style. Toutefois nous ne trouvons pas dans l'ancien droit, comme à Rome, une loi opposant le bail à l'acheteur lorsque la vente était faite par le fisc.

Là-dessus est intervenu le Code, imposant à l'acheteur, dans son art. 1743, l'obligation d'entretenir le bail; puis, plus tard, le Code de Procédure qui, dans son article 684, impose le même bail à l'adjudicataire sur saisie. — Quelle est la portée de cette double disposition? Le droit du preneur aurait-il changé de caractère? M. Troplong le pense; pour lui cet article accorde un droit réel qu'il dit être « un linéament ajouté aux traits caractéristiques que le bail avait en droit romain, pour le mettre à l'abri des vicissitudes résultant des mutations de propriété. » Quoiqu'il en soit de la comparaison, et bien que nous nous rangions avec la jurisprudence (Cass., 21 février 1865. — Sér. 65, t. 113), du côté des partisans du droit personnel, avouons qu'il y a de sérieuses raisons de douter.

1° Le premier argument qui se présente est le suivant. La définition que donne le Code du louage est identique à celle que donnait Pothier; c'est la preuve que le Code a conservé au bail le caractère que Pothier lui reconnaissait, et que, comme lui, il n'accorde au preneur qu'un droit de créance. — On nous répond que la définition de la vente est aussi empruntée à Pothier, et cependant tout le monde reconnaît que l'opération a subi, par l'art. 1583, une transformation radicale.

2° Un droit réel n'imposerait pas au bailleur une obligation de faire; il ne l'obligerait pas à fournir une jouissance au locataire, mais seulement à le laisser jouir. — De plus le preneur, investi d'un droit réel, et obligé de réparer les dégradations qu'il a faites, pourrait, par le délaissement, s'affranchir de toute obligation. Or il n'en est pas ainsi. Le bailleur est tenu de faire jouir, et le preneur reste obligé, malgré le délaissement, parce que c'est sa personne qui est débitrice, non son prétendu droit réel. Les deux parties sont donc réciproquement créancières et débitrices l'une de l'autre. — On répond : Mais qu'est-ce que cela prouve? — Que le preneur a un droit de créance? Mais nous ne le contestons pas, car rien n'empêche qu'une créance vienne s'ajouter au droit réel, comme dans les actions mixtes. La preuve qu'il existe un droit de créance laisse entière la question de savoir s'il existe un droit réel.

3° Le droit réel a pour effet principal de conférer à celui qui en est investi un droit de suite *erga omnes,* opposable à tout détenteur. Le droit du preneur n'est pas un véritable droit de suite car, s'il est opposable aux ayant-cause du vendeur, il ne peut pas l'être au tiers usurpateur, à celui qui a usucapé des droits réels sur l'immeuble. — On répond : Cet argument est une pétition de principes ; on suppose prouvé précisément ce qui est à démontrer, à savoir : que le locataire n'a qu'un droit de créance, et que l'art. 1743 est une règle exceptionnelle. Que l'on admette au contraire le droit réel, et les art. 1743 C. N. et 684 C. Proc. ne seront que des applications de la règle générale, et le locataire pourra opposer son droit au *prædo*, à l'acquéreur par usucapion. La vérité de cette observation deviendra plus évidente si l'on remarque que toutes les fois que la loi a dû se prononcer, elle l'a fait comme si elle supposait le preneur investi d'un droit réel. — Mais on ne peut pas étendre l'art. 1743 au-delà de ses termes ; ce qu'il dit de l'acheteur, on l'a appliqué à tous les ayant-cause du bailleur, ce serait dépasser sa portée que l'appliquer au *prædo*. — Sans nul doute ; on a voulu dire seulement qu'il ne fallait pas chercher dans l'art. 1743 les preuves de la personnalité du droit du preneur ; on trouverait à côté des arguments en faveur du droit réel.

On le voit, la difficulté est sérieuse, heureusement la liste des preuves n'est pas épuisée.

Remarquons d'abord que, lors de la rédaction de l'art. 1743, les rédacteurs se sont trouvés en présence d'un usage si généralement répandu, qu'il était presque devenu une règle ; l'usage de stipuler dans tous les contrats de vente la clause d'entretenir le bail. Qu'ont-ils fait? Ils ont imposé à l'acheteur l'obligation d'entretenir le bail en présumant dans tous les cas la clause usuelle ; de sorte que le bail s'est trouvé imposé par la loi, comme la communauté aux conjoints qui n'ont pas fait de contrat de mariage, et sans que, pour cela, la convention cessa d'être considérée comme résultant de la volonté libre des parties.

Mais pourquoi imposer cette restriction à la liberté des conventions ? D'abord je nie qu'il y ait restriction puisque la clause contraire est permise et que la loi ne statue que dans le silence des parties ; de plus un rapide examen nous montrera tous les avantages de la règle : 1° Au cas où la clause aurait été omise, la nouvelle règle met le preneur à l'abri d'une éviction, et soustrait le bailleur à la demande en dommages résultant du recours en garantie ; il y a donc avantage pour les deux parties. — 2° Elle évite les procès, qui ne manqueraient pas de naître souvent de l'interprétation de la clause en question. — 3° Elle enlève à la discrétion du bailleur les fermages, les établissements industriels et commerciaux, et leur donne la sécurité, condition première de prospérité et de crédit. La règle de l'art. 1743 intéresse donc à la fois, et les parties, et l'ordre public, c'est plus qu'il n'en faut pour la justifier.

Mais est-il bien certain que, dans cet art. 1743, les rédacteurs n'aient pas voulu ajouter un droit réel à la créance de jouissance ? Cela est incontestable et résulte nécessairement de plusieurs décisions, universellement admises, et avec lesquelles le droit réel serait absolument incompatible. Procédons par comparaison : Supposons un locataire et un acheteur d'usufruit, troublés dans leur jouissance, par la revendication d'un tiers qui se prétend propriétaire de l'immeuble. Leur devoir, en qualité de gardiens, est d'avertir leur auteur. Cela fait, un premier parti s'offre à eux : ils peuvent, en nommant leur garant, obtenir leur mise hors d'instance ; le propriétaire prendra leur fait et cause et ils seront désormais étrangers au fond du procès (art. 182 C. Proc.)

— Mais il est un autre parti à prendre. Ne peuvent-ils pas défendre eux-mêmes, à leurs risques et périls, le droit dont ils sont propriétaires? Le tiers qui revendique, se prétend du même coup propriétaire de tous les droits réels qui peuvent s'asseoir sur l'immeuble; s'ils ont un droit réel, leur propriété est attaquée, ne pourront-ils pas la défendre? L'usufruitier le pourra, sans aucun doute, à ses risques et périls, et sans préjudice du recours en garantie. Le locataire ne le pourra pas. Cela résulte nécessairement de l'art. 1727, et de ses expressions impératives: « Il doit appeler le bailleur en garantie, » lorsque s'élève une discussion sur le fond du droit. L'article ajoute, il est vrai, qu'il n'est mis hors de cause que sur sa demande, d'où cette conséquence que, s'il garde le silence, il reste lié au procès. Sans doute, mais qu'y fait-il en pareil cas? Prend-il part au débat sur le fond du droit? Point du tout; le débat sur le fond lui reste étranger; il n'intervient que pour faire statuer, par le même jugement, sur la demande en dommages-intérêts qui lui sont dus par le bailleur, et pour éviter ainsi les frais d'un double procès. C'est l'explication que donne une autorité non suspecte, M. Troplong, le plus illustre partisan du droit réel. (Louage, t. I. n°s 268-274).

Voilà donc le locataire, dès qu'il s'agit d'une contestation sur le fonds du droit, forcé d'appeler le propriétaire en cause, obligation qui ne pèse pas sur l'usufruitier, et, de plus, forcément éliminé de l'instance principale: Qu'est-ce que cela prouve? Que n'ayant aucun droit réel, il n'a rien à défendre, et n'a que faire au procès où l'on discute des droits de cette espèce.

Autre hypothèse. Prenons le cas des industries similaires. Supposons qu'un industriel, locataire d'une partie d'un immeuble, voie plus tard s'établir dans l'autre partie un locataire qui exerce une industrie rivale. Troublé dans sa jouissance, il recourt contre son bailleur. On peut discuter sur les cas où il y a véritablement trouble de jouissance; mais il est des cas où ce trouble est incontestable, et il est non moins incontestable que, dans ces circonstances, le premier locataire ne pourra pas expulser le second, mais seulement obtenir des dommages du bailleur, — ce qui prouve encore qu'il n'y a pas de droit réel.

Les droits réels, au moins ceux qui sont susceptibles de possession, peuvent être usucapés; l'usufruit, les servitudes s'acquièrent par prescription. L'usucapion n'a rien à faire avec le locataire. — Enfin, la question a été tranchée par la loi du 23 mars 1855, dans le sens déjà adopté par la Jurisprudence. Cette loi, nous l'avons vu, décide que les baux qui dépassent 18 ans seront seuls soumis à la transcription; d'où l'on doit conclure, ou bien que les baux de plus de 18 ans confèrent seuls un droit réel au preneur, inovation beaucoup trop grave pour qu'on la fasse résulter d'une disposition équivoque, contenue dans une loi de publicité et de crédit; ou bien que, même dans un bail de plus de 18 ans, le droit du preneur reste personnel; que la

transcription n'est exigée que pour augmenter le crédit des vendeurs d'immeubles, en assurant la publicité des baux; que la disposition de la loi est une règle d'utilité, non de principe.

Le droit du preneur est-il mobilier ou immobilier? La solution ne peut faire doute pour nous, comme pour les partisans du droit réel; une créance de jouissance, d'un fait du bailleur, ne peut faire qu'un droit mobilier.

Il peut arriver que le locataire fasse une construction sur le terrain loué; quel sera son droit sur cet immeuble? Ce ne sera pas certainement un droit de propriété. Les matériaux pouvaient lui appartenir, mais ils se sont transformés; ils sont devenus un immeuble, qui n'est que l'accessoire du fonds, dont un autre a la propriété. Le voilà donc dépossédé, sans que la loi lui permette de démolir la construction pour reprendre les matériaux dont il était tantôt propriétaire; cela veut dire que le bailleur peut toujours s'opposer à la démolition, en offrant le prix des matériaux et de la main-d'œuvre. Le droit du preneur se résout donc en une créance en indemnité, qui est purement mobilière.

Dans le cas où une clause du bail autorise le locataire à construire, on s'est demandé si une telle stipulation n'aurait pas pour effet de constituer, à son profit, une sorte de droit de superficie. On sait que le droit de superficie est un droit de propriété, non de la surface, mais des choses qui sont à la surface, accompagné d'un certain droit sur le fonds lui-même. On sait aussi que la concession d'un droit de superficie peut être temporaire, de sorte que l'on pourrait interpréter ainsi la clause du bail, qu'elle rend le locataire propriétaire des constructions jusqu'à la fin du bail, à la charge de payer le loyer du fonds. Déjà, à Rome, la loi I, § 1 (*de superficiebus* Dig.) reconnaissait que le droit de superficie peut être établi par le contrat de louage. Dans notre droit, bien qu'une pareille interprétation soit parfaitement licite, elle est assez rarement dans l'intention des parties, pour qu'on se garde de l'accepter tant que cette intention ne sera pas formellement exprimée. Elle aurait pour effet de changer le bail en contrat constitutif de servitude, et le droit du preneur en droit réel immobilier.

VI. *Concours des preneurs successifs.*

Il s'agit de deux personnes, l'une et l'autre de bonne foi qui, successivement, ont loué le même immeuble, et l'on demande laquelle doit l'emporter. — En théorie pure, la question ne pourrait pas naître ; l'obligation du bailleur étant une obligation de faire qui, par nature, est exclusive de toute idée de contrainte, la force publique ne pourrait forcer le bailleur à s'exécuter vis-à-vis de l'un des deux locataires, et il resterait ainsi seul maître de favoriser l'un d'eux, à la condition d'indemniser l'autre. — Mais ni la loi, ni la pratique n'ont conservé ce caractère idéal à l'obligation du bailleur ; on n'a considéré que son côté objectif : l'occupation, la jouissance ; on en a fait une obligation de laisser jouir, et le louage est retombé sous l'empire de la force publique. C'est ainsi qu'il faut entendre l'obligation du bailleur pour comprendre que le conflit entre deux locataires ait pu être réglé par la loi ; ne pouvant forcer le bailleur de fournir la jouissance, elle l'oblige à laisser occuper l'immeuble par celui des deux locataires dont le droit lui paraît devoir l'emporter. — Plusieurs hypothèses peuvent se présenter auxquelles s'applique toujours cette règle, que le locataire, évincé de son droit par celui que la loi favorise, pourra demander des dommages au bailleur.

Premier cas. — Conflit entre deux baux de moins de 18 ans. — Pas de difficulté, si aucun des deux locataires n'a été mis en possession ; le bail dont la date certaine est antérieure l'emportera.

Pour que la difficulté naisse, il faut supposer que l'un des baux a acquis date certaine antérieure à l'autre, mais que celui-ci est accompagné de la possession ; que faut-il préférer de la possession ou de la date certaine antérieure? Les partisans de la date antérieure invoquent, à l'appui de leur opinion, l'art. 1743, et, pour eux, le deuxième preneur se trouve dans la position d'un acheteur de l'immeuble, et obligé, par cet article, de respecter le bail. — On leur répond que c'est abuser de l'article 1743 que l'appliquer à notre hypothèse, et que, pour trouver entre les deux cas une analogie qui autorise à étendre la solution, on est forcé d'accorder un droit réel au preneur. En effet, de quelque façon que l'on explique l'art. 1743, par une subrogation virtuelle ou autrement, toujours est-il que cet article n'a d'autre but que d'imposer un bail, déjà existant sur un immeuble, à ceux qui, plus tard, acquièrent du chef du bailleur des droits sur ce même immeuble, droits de propriété, de servitude ou autres ; que même, il faut considérer cette obligation de subir le bail comme une restriction au droit nouvellement acquis. Mais, qu'arrivera-t-il s'il n'y a pas de droit acquis ? C'est que l'application de l'art. 1743 ne sera pas possible, puisqu'il ne trouvera pas de droit à qui il puisse imposer le bail. Or, c'est là ce qui arrive dans notre hypothèse : le premier bail maintenu, le deuxième tombe et tombe tout entier, de façon qu'il n'en reste rien qu'une créance en dommages-intérêts contre le bailleur, à laquelle on ne conçoit pas que l'on puisse opposer le deuxième bail. Pour que l'art. 1743 trouvât une base, il faudrait absolument accorder un droit réel au preneur.

L'art. 1743 écarté, la possession du deuxième preneur est inattaquable. Le titre du premier preneur, ne lui conférant pas de droit réel, il n'a d'action ni contre le détenteur, ni contre l'immeuble, mais seulement contre le bailleur. De son côté le bailleur ne peut rien contre le deuxième preneur qui lui opposerait l'exception de garantie; force est donc de le laisser en jouissance.

Deuxième cas. — Nous admettrons la même solution dans le cas d'un conflit entre un bail de moins de 18 ans et un bail de plus de 18 ans, sans distinguer si celui-ci a été ou non transcrit. Car il est incontestable, d'une part, que la transcription d'un bail de plus de 18 ans ne peut améliorer sa condition au préjudice d'un bail auquel cette formalité n'est pas imposée ; d'autre part, nous avons vu, dans l'art. 3 de la loi de 1855, que le défaut de transcription ne pouvait être invoqué que par le propriétaire d'un droit sujet à transcription et transcrit. Or, notre preneur n'est pas de ce nombre.

Troisième cas.—Le conflit s'élève entre deux baux de plus de dix-huit années. Si les deux baux ont été transcrits, la priorité de la transcription règlera la préférence. Si l'un d'eux seulement a été transcrit, le défaut de transcription fait tomber l'autre dans la classe des baux de dix-huit années, et, dès lors, nous rentrons dans le 2e cas, c'est-à-dire que celui-là triomphe qui peut prouver une date certaine antérieure, à moins que son adversaire ne lui oppose la possession, qui l'emporte dans tous les cas.

CHAPITRE II.

Des droits et obligations qui naissent du bail.

Le contrat de louage est à la fois commutatif et synallagmatique; de sorte qu'il produit des obligations réciproques, et que chacune des parties devient à la fois créancière et débitrice de l'autre.

Un grave conflit s'élève entre la jurisprudence et la majorité des auteurs lorsqu'il s'agit de déterminer le caractère de ces obligations. Par cela seul qu'elles sont successives, elles peuvent s'analyser en une série d'obligations distinctes et indépendantes les unes des autres. On peut supposer des jours de jouissance, correspondant à un trois cent soixante-cinquième du prix stipulé pour l'année entière ; des termes de jouissance, correspondant à un prix proportionnel ; en un mot une série d'obligations corrélatives de prix et de jouissance, prenant la place de deux obligations de même nature, et naissant ainsi deux par deux jusqu'à la fin du bail. Cette analyse n'a rien que de juridique ; la loi elle-même l'a faite dans une matière analogue, dans l'art. 586, Cod. Nap. La difficulté s'élève sur le caractère même de ces créances futures de prise et de jouissance. Pour la jurisprudence, ce sont des créances à terme ; pour la plupart des auteurs des créances conditionnelles. Il s'en faut que cette question soit purement théorique ; quand nous arriverons à l'explication des art. 1188, Cod. Nap., et 444, C. Com., nous verrons tout l'intérêt pratique qui s'attache à sa solution.

Toute la discussion porte sur l'interprétation de l'art. 1184 ; cet article contient-il, oui ou non, une condition véritable ? La jurisprudence soutient la négative, et, à l'appui de son opinion, elle invoque d'abord l'indivisibilité du contrat de louage, et par suite, conteste l'analyse que nous avons donnée des obligations réciproques des parties ; mais, outre que cette analyse répond à la nature des choses, notre explication, abritée derrière l'art. 586, Cod. Nap., nous semble inattaquable.

On dit encore que les créances futures de prise et de jouissance ne sont pas conditionnelles, mais à terme, « parce que l'art. 1184, et la double condition qu'il renferme, est exclusive de toute idée suspensive de l'engagement ; » c'est-à-dire, en français, que l'art. 1184 renferme une condition qui n'en est pas une, que l'engagement est certain *hic et nunc* et définitif, que l'exécution seule est incertaine. — A cela nous répondrons que cet engagement définitif n'est cependant pas irrévocable, car la résolution du bail, prononcée en justice, affranchit les parties, non pas seulement de l'exécution, mais de l'obligation même. Or, c'est là le véritable caractère de la condition, qu'elle s'attaque à l'existence même du droit. L'engagement est certain *ab initio;* mais n'en est-il pas de même dans toutes les obligations, qu'elles soient ou non conditionnelles ? Le *vinculum juris* est formé dès le début, parce qu'il ne peut naître que du contrat, seulement il est résoluble. L'événement qui, plus tard, vient mettre en question son existence, ne peut être qu'une condition.

Cette condition, l'art. 1184 l'appelle résolutoire, et, en effet, elle brise le lien de droit que le bail avait fait naître, tout comme une autre condition résolutoire. Elle en diffère, il est vrai, en ce que la résolution doit être prononcée par le juge ; mais la différence ne porte pas sur le fond du droit ; elle est toute de forme et n'a d'autre but que de protéger le débiteur en retard, en permettant au juge de lui accorder des délais, et de suspendre ainsi pour quelque temps la résolution. — Nous avons donc une condition résolutoire. Toute condition résolutoire contient en elle une condition suspensive, en ce sens qu'elle empêche l'existence ultérieure du droit qui vient d'être résolu. Cette proposition s'entend surtout des créances successives, comme celles qui résultent du bail; elle veut dire que la résolution, qui rompra le bail, aura en même temps pour effet d'empêcher la naissance des créances futures. La loi suppose que les parties ont subordonné leur existence à la continuation du bail; c'est comme si elles avaient dit, en parlant des créances à venir : Je promets de vous donner telle somme d'argent à la condition que vous me fournirez telle jouissance. Sans doute les parties sont liées *ab initio*, mais la résolution du bail rendra impossible la condition des créances futures; elles ne pourront naître en tant qu'obligations, et, juridiquement, elles n'auront jamais eu d'existence.

De cette démonstration il résulte que les créances de loyers à venir sont soumises à la condition suspensive de la continuation du bail, et que la résolution du contrat les empêche de naître. De cette conclusion nous tirerons plus tard les conséquences.

§ I. *Obligations du bailleur.*

Les obligations du bailleur peuvent se réduire à deux principales : 1° Délivrer au locataire l'immeuble loué ; 2° entretenir le bail, c'est-à-dire : 1° faire toutes les réparations autres que celles que la loi met à la charge du locataire ; 2° entretenir ou plutôt continuer la délivrance en garantissant le locataire de tous les troubles de droit qui pourraient être apportés à sa jouissance.

I. *Délivrance.* — La délivrance de la chose louée comprend celle de tous ses accessoires ordinaires ou stipulés. Si le bailleur a promis des réparations, et qu'ensuite il ait négligé de les faire, le locataire pourra lui faire subir une diminution de prix, si mieux il n'aime obtenir la résiliation. Le bailleur doit délivrer la totalité de la chose louée, au temps convenu, à ses frais et en bon état de réparations, même locatives, car la disposition de l'article 1760 2° ne concerne que celles qui sont devenues nécessaires pendant la durée du bail. La délivrance étant la mise en possession, le bailleur doit lever tous les obstacles qui s'opposent à l'occupation du locataire, même ceux qui résultent du fait de tiers ne prétendant aucun droit sur l'immeuble ; la distinction des art. 1725-1726 Code Nap. ne s'applique pas à la délivrance.

L'action en délivrance est, de nos jours, comme elle l'était à Rome, et dans l'ancien droit (Pothier, *Des choses,* § 2), une action personnelle purement mobilière. Le locataire n'est pas créancier de la maison, mais d'un fait du bailleur, de la jouissance qui lui a été promise. Cette action est divisible et, à la mort du bailleur, sa dette de jouissance se divise entre ses héritiers, de façon que chacun d'eux ne soit plus tenu que d'une part. Cependant, comme leur auteur a promis une jouissance complète, et qu'ils ont succédé à son obligation, le défaut par l'un d'eux de fournir sa part permettra au locataire d'obtenir résiliation pour le tout, et de demander des dommages, qui se diviseront sans doute, mais dont tous les héritiers seront tenus.

II. *Entretien du bail.* — Cette obligation se subdivise en deux autres :

1° Entretien de la chose en bon état de réparations autres que locatives. La loi (art. 1720) met celles-ci à la charge du locataire parce qu'elle présume que la dégradation a pour cause, non pas l'usage régulier de la chose, puisque l'article 1721 met la vétusté, comme la force majeure, à la charge du bailleur, mais qu'elle résulte de petits abus de jouissance, de négligences trop peu importantes pour autoriser une action en dommages, et dont la preuve serait d'ailleurs trop difficile, mais qu'il est juste de faire supporter autant que possible à leur auteur. Cette explication servira dans bien des cas à déterminer quelles réparations sont locatives, car l'article 1754 ne limite rien ; il faudra aussi consulter les usages locaux.

Les réparations non locatives sont toutes à la charge du bailleur et le preneur a une action contre lui, pendant la durée du bail. C'est là, en effet, un caractère propre au droit qu'engendre le louage qu'il rend le locataire créancier de jouissance, et lui permet d'exiger du bailleur qu'il la lui fournisse. Il en serait tout autrement d'un usufruitier; il n'a pas d'action pour forcer le propriétaire à faire les grosses réparations et, s'il les fait à ses frais, plusieurs auteurs lui contestent le droit de réclamer, à la fin de l'usufruit, le montant de ses avances. — Le locataire peut exiger que le bailleur fasse les réparations autres que locatives. S'il s'y refuse, le locataire a le choix ou de demander la résiliation avec dommages intérêts, ou de se faire autoriser par justice à faire les réparations lui-même, sauf à retenir la dépense faite sur les loyers à échoir. L'avertissement au bailleur et l'autorisation de justice ne sont pas indispensables, mais à leur défaut le locataire, lorsqu'il réclamera son remboursement, devra prouver la nécessité des réparations qu'il a faites.

Il arrive quelquefois que le bailleur impose à son locataire une clause par laquelle celui-ci s'oblige à faire toutes les réparations. Quelle est la portée d'une pareille stipulation ? D'une part elle ne peut comprendre les grosses réparations, la reconstruction d'un mur, le changement de la toiture, puisqu'elles n'atteignent pas même l'usufruitier. D'autre part elle doit comprendre plus que les réparations locatives sous peine d'être superflue. Ce sera donc l'affaire du juge de lui trouver un point d'application que nous appellerons les réparations d'entretien.

2° Entretenir la jouissance du locataire ; c'est-à-dire le préserver des troubles.

Il est plusieurs sortes de trouble que nous allons examiner successivement.

1° Troubles résultant du fait du bailleur. — En principe le bailleur en est toujours responsable, cependant la loi fait des exceptions pour certains troubles qui ont leur excuse dans une impérieuse nécessité.

Par exemple lorsque la maison louée a besoin de réparations qui ne pourraient, sans préjudice grave, être renvoyées à la fin du bail. Le locataire devra subir ces réparations quelque préjudice qu'elles lui causent et, quoique troublé dans sa jouissance, il ne pourra pas obtenir la résiliation du bail, à moins qu'il ne lui reste pas de quoi se loger avec sa famille. Il devra se contenter d'une diminution de prix proportionnelle au temps et à la partie de la chose louée dont il s'est trouvé privé, et encore faudra-t-il que les réparations aient duré plus de quarante jours, car, si elles durent moins, et s'il reste au locataire de quoi habiter avec sa famille, il devra tout supporter sans indemnité (art. 1424.)

La loi romaine permettait au bailleur, alors que les réparations rendaient le logement complétement inhabitable, d'éviter la résiliation en procurant provisoirement au locataire un autre logement non moins commode. Faut-il étendre cette faculté au droit français? Je ne le pense pas. Il suffit de dire que c'est une restriction au droit du preneur; une exception au droit commun de l'art. 1184, et que les termes de l'art. 1724 ne permettent pas de l'adopter.

Au contraire, des dommages sont dus et la résiliation peut être obtenue par le locataire si les réparations n'ont pas le caractère d'urgence, et si le bailleur ne se refuse à les différer, comme il arrive souvent, que pour n'avoir pas, à l'expiration du bail, à en supporter l'inconvénient.

Le trouble peut encore résulter du fait du bailleur lorsque, après avoir loué une partie de son immeuble à un industriel, il loue l'autre partie à une personne qui exerce une industrie rivale. C'est une conséquence toute naturelle de son obligation de fournir une jouissance qui, dans cette circonstance, va jusqu'à limiter l'exercice du droit légitime de location. C'est aux juges de déterminer dans quel cas il y a véritablement trouble de jouissance; ils devront prendre en considération les circonstances de la cause, par exemple si le quartier ne pratique qu'un seul genre d'industrie, etc. — La jurisprudence a résolu la question dans plusieurs sens.

Le trouble reconnu, en aucun cas il n'en peut résulter l'expulsion du deuxième preneur; mais seulement la condamnation du bailleur à payer des dommages au premier preneur, et même la résiliation du premier bail si le premier locataire la demande. Souvent les parties insèrent dans le bail une clause relative à cette espèce de trouble. Elle a l'avantage de préciser les faits que les parties ont considérés comme causes de trouble, et de faciliter ainsi la tâche du juge, mais elle ne donne jamais le droit d'expulser le deuxième preneur.

Une autre clause, encore fort usuelle, est celle par laquelle le bailleur, dans le deuxième bail, impose à son deuxième locataire l'obligation de n'exercer aucune industrie similaire ou qui soit de nature à troubler le premier dans sa jouissance. Quel peut être l'effet d'une pareille stipulation? Dégage-t-elle la responsabilité du bailleur vis-à-vis de son premier locataire? On l'a soutenu; je ne le pense pas. Supposons la clause violée; que le deuxième locataire, sans tenir aucun compte de son engagement, se mette à exercer une industrie rivale; quelle sanction pourra être invoquée? La question s'est plusieurs fois posée devant les tribunaux, et toujours ils se sont demandé s'il y avait, dans l'espèce, trouble de droit ou trouble de fait; concluant à la responsabilité du preneur, lorsqu'ils admettaient le trouble de droit, à son irresponsabilité lorsqu'ils ne voyaient qu'un trouble de fait dans l'espèce (art. 1725-26-27. — Arrêts : Paris, 12 janv. 1864. — Dalloz, 64, 2, 40. — Paris, 12 mars 1864. — Dalloz, 64, 2, 157. — Paris, 22 avril 1864. — Dalloz, 65, 2, 59). Il ne me paraît pas que cette distinction soit utile, et qu'elle réponde à rien de réel dans notre hypothèse; car si l'on considère le trouble comme produit par le fait d'un tiers, le deuxième preneur, on s'aperçoit qu'il n'y a pas de voies de fait dans l'espèce et que dès lors l'acte ne peut entrer dans la classe des troubles de l'art. 1725. Ce n'est donc pas un trouble de fait émané d'un tiers; ce n'est pas davantage un trouble de droit, puisque le deuxième preneur ne prétend aucun droit réel sur l'immeuble. Qu'est-ce donc? C'est tout simplement que, dans l'espèce, le bailleur n'a pas tenu son obligation de fournir la jouissance; que le trouble émane de lui, puisque c'est lui qui a passé le deuxième bail; enfin c'est que la convention du bailleur avec son deuxième locataire est étrangère au premier, qu'il ne la connaît pas, qu'elle ne peut lui être opposée, et qu'elle ne modifie en rien les rapports juridiques établis avec son bailleur.

Le trouble résulte encore d'une restriction de jouissance, par l'établissement d'une servitude, par la démolition volontaire d'une partie de la maison; il est hors de doute que le bailleur est responsable si le trouble résulte de son fait.

La clause de non-garantie est permise, aussi bien dans le louage que dans la vente, alors même qu'elle s'applique au fait du bailleur. Il faut cependant que les faits qui sont l'objet de la clause soient parfaitement désignés dans le bail; on doit se souvenir que l'art. 1628, également applicable au louage et à la vente, ne prohibe que les clauses vagues de non-garantie qui pourraient permettre à l'une des parties, plus habile, de profiter des circonstances pour s'affranchir de son obligation.

Il y a encore trouble de jouissance lorsque le bailleur, après avoir consenti un bail de plus de dix-huit ans et mis son locataire en jouissance, consent un deuxième bail de plus de dix-huit ans qui est transcrit avant le premier. Il arrivera alors que le premier bail ne sera jamais opposable, pour plus de dix-huit ans, au deuxième locataire; il tombera donc pour le surplus et le bailleur sera responsable de cette résolution anticipée, car il n'est pas de ceux à qui la loi permet d'invoquer le défaut de transcription.

Enfin il est interdit au bailleur, par l'art. 1723, de changer la forme de la chose louée, et le locataire peut s'opposer à ces modifications alors même qu'il n'en résulterait pour lui aucun dommage appréciable ; il est esul juge de son intérêt.

2° Trouble par les vices de la chose louée.

Deux questions peuvent se poser : 1° Quels vices constituent un trouble de jouissance et autorisent un recours contre le bailleur ? — 2° S'il en est résulté un préjudice matériel pour le locataire, dans quel cas le bailleur devra-t-il réparation ? Les deux questions sont réglées par l'art. 1721.

Le bailleur n'est pas responsable des vices apparents qui existaient lors du contrat ; le locataire est présumé les avoir connus et acceptés. — Mais il répond des vices cachés qui empêchent la jouissance, ou qui la diminuent au point que le locataire n'eût point loué, s'il les eût connus, ou bien eût loué moins cher. Peu importe que le bailleur les ait connus ou ignorés (la distinction de l'art. 1150 n'est relative qu'à la fixation du *quantum* des dommages-intérêts que cet article, ainsi que l'art. 1147, reconnaissent être dus même en cas de bonne foi) ; qu'ils soient antérieurs au contrat, ou nés depuis, car il a été promis une jouissance complète pendant toute la durée du bail ; c'est une obligation successive qui, à chaque instant, est due tout entière. Le recours en garantie aura pour objet soit une demande en résiliation, avec dommages-intérêts, soit une action en diminution de prise (1646, Analogie).

Il peut arriver que le vice de la chose ait causé un préjudice matériel au locataire ; le bailleur doit le réparer. Le doit-il dans tous les cas ? Certains auteurs (Aubry et Rau, § 366, note 14.) ont cru que cette réparation n'était obligatoire que lorsque les vices existaient déjà lors du contrat, mais sans distinguer s'ils avaient été connus ou ignorés du bailleur. On ne voit pas qu'il y ait une raison suffisante de distinguer ; car, si l'on affranchit de toute responsabilité le bailleur, lorsque le vice est né pendant le bail, il faut aussi l'affranchir lorsqu'il existait auparavant, mais à son insu, car il est tout aussi exempt de faute. D'ailleurs la distinction sera fort difficile à appliquer en pratique ; on saura difficilement si le vice, qui apparaît pendant le bail vient de naître, ou seulement de se révéler, si sa naissance est actuelle ou antérieure au bail. — Les auteurs de la distinction objectent que l'art. 1721, dans ses deux paragraphes, ne parle que des vices existant lors du contrat. — Mais ils oublient qu'ils ont étendu le premier paragraphe aux vices nés après le contrat ; pourquoi ne pas faire de même pour le second ?

3° Trouble par cas fortuit ou force majeure.

En principe, le bailleur n'est pas responsable et ne doit pas de dommages alors même que la résiliation totale ou partielle du bail cause un préjudice au locataire. La destruction totale de l'immeuble loué, par incendie ou autrement, amène forcément la résiliation du bail ; la destruction partielle donne au locataire le choix entre l'action en résiliation et l'action *quanti minoris*, sans qu'il puisse jamais exiger des dommages ni la reconstruction de ce qui a été détruit.

La même solution doit être admise pour le cas où la restriction de jouissance résulte de l'exercice légitime d'un droit par un tiers. Par exemple, lorsqu'un voisin, en élevant un mur, vient enlever le jour promis par le contrat. Mais il faut bien se garder d'étendre l'application de cette règle, il faut, au contraire, la restreindre au cas où il est bien évident que le locataire a dû compter sur la jouissance dont il est privé ; par exemple, si elle lui a été promise dans le bail. Le locataire d'une maison, à côté de laquelle se trouve un terrain vide, destiné à recevoir une construction, mais qui provisoirement lui donne de l'air et du jour, n'obtiendra pas la résiliation de son bail si l'on vient à bâtir et à boucher ses ouvertures provisoires. — Le locataire dont les fenêtres donnent sur un jardin public ne sera pas autorisé à demander une diminution de prix si le jardin devient une rue ou une place publique. Le bailleur n'a rien promis de tout cela, et le locataire savait fort bien qu'il ne pouvait pas le promettre. En retour, s'il y a eu promesse, si le bailleur a garanti à un peintre, son locataire, un jour suffisant pour son atelier, qui ensuite est privé de lumière par le mur du voisin, les deux actions de l'art. 1722 sont recevables, et je crois même qu'il faut y ajouter l'action en dommages, car l'inexécution de l'obligation du bailleur ne résulte pas d'un véritable cas de force majeure, et d'ailleurs le bailleur est en faute d'avoir promis plus qu'il ne pouvait tenir.

Au nombre des événements de force majeure qui portent atteinte au bail, est l'expropriation pour cause d'utilité publique. Le jugement d'expropriation a pour effet de résoudre le bail et de donner ouverture à une demande en indemnité au profit du locataire. Si le locataire est laissé quelque temps encore en jouissance, cette continuation de jouissance ne peut opérer tacite reconduction ni enlever au locataire le droit de réclamer une indemnité (Cass. 20 juin 1864. — Sir. 64, 1, 368.). C'est le propriétaire qui doit, dans la huitaine du jugement d'expropriation, dénoncer ses locataires à l'expropriant; la Jurisprudence refuse d'étendre cette obligation aux sous-locataires qui, dès lors, doivent eux-mêmes se faire connaître. (Cass., 9 mars 1864.)

C'est au juge du fait de déterminer quels sont les événements de force majeure. Pothier (Louage, n° 152) cite le cas de la location d'une auberge qui se trouve résiliée, parce que l'autorité supérieure supprime la route qui passait devant l'auberge, dont l'exploitation est désormais impossible. Mais c'est là une hypothèse assez rare ; le plus souvent, la construction d'une nouvelle route plus commode, qui attirera à elle tout le mouvement, fera déserter l'ancienne ainsi que l'auberge louée. Néanmoins, je ne crois pas que l'on doive prononcer la résiliation, car le bailleur n'a pas promis une clientèle. De même si une auberge rivale s'établissait dans le voisinage et réussissait à enlever à l'autre sa clientèle.

Un arrêt de la Cour de Paris (13 mars 1832. Sir., 32, 2, 230) n'a pas trouvé dans l'exil du locataire une cause suffisante de résiliation.

Les glossateurs des écoles italiennes du moyen âge discutaient beaucoup sur la question de savoir si le bailleur, qui est tenu de supporter les réductions de jouissance, en subissant une diminution de prix, ne pourrait pas profiter d'un accroissement considérable de bénéfices que le bail apporterait au locataire, par suite d'une hausse fortuite des loyers, ou tout autre motif, et demander une augmentation de prix. L'affirmative a été soutenue; un examen, un peu attentif, nous montrera qu'elle n'est pas soutenable, et n'a de l'équité que l'apparence. Le bailleur a promis de fournir une jouissance dont le prix n'est que l'équivalent; il est dès lors bien naturel que le prix diminue lorsque diminue la jouissance fournie. Le locataire a promis un prix déterminé, mais rien que cela, et il est bien entendu qu'il se réserve de tirer de la chose louée tout le parti possible. Dans le premier cas, le bailleur ne remplit pas toute son obligation ; il ne fournit qu'une partie de la jouissance, il n'a droit qu'à une partie du prix. Rien de pareil dans le deuxième cas : les deux parties ont rempli leurs obligations ; il y a eu vente de jouissance et le prix stipulé a été payé; quant à ce bénéfice anormal qu'un cas fortuit a apporté au locataire, il lui reste acquis tout entier, le bailleur n'y peut rien prétendre, pas plus que le vendeur ne pourrait s'autoriser d'une augmentation de valeur postérieure à la vente, pour réclamer une augmentation de prix.

4° Trouble provenant du fait d'un tiers.

On doit soigneusement distinguer deux sortes de troubles : 1° Les troubles de droit dans lesquels le tiers intervenant se prétend propriétaire d'un droit réel sur la chose louée ; — 2° les troubles de fait, simples voies de fait où la propriété n'est nullement en question. La règle est que le bailleur est toujours responsable des premiers, et que le locataire n'a pas qualité pour figurer au débat qui naît sur ces questions. Les seconds au contraire restent à la charge du locataire, qui ne peut demander ni la résiliation, ni une diminution de prix, encore moins des dommages-intérêts alors même qu'il en résulte pour lui un préjudice ; à moins cependant que le trouble n'ait été assez grave, assez difficile à éviter, pour qu'on puisse le considérer comme un cas de force majeure.

Le trouble de droit peut se présenter sous deux aspects :

1° Pendant sa jouissance le locataire est actionné par un tiers qui invoque un droit de propriété ou de servitude sur l'immeuble. Nous savons déjà que le locataire, gardien pour le compte du bailleur, doit l'avertir de cette prétention, et qu'il lui suffit de nommer son bailleur pour obtenir sa mise hors de cause. Il peut aussi rester lié au procès, sans que, pour cela, il soit partie dans l'instance principale, mais seulement pour joindre à celle-ci une action accessoire en garantie sur laquelle il sera statué en même temps.

2° Le locataire est dépossédé par un tiers et, lorsque, croyant à un simple trouble de fait, il veut reprendre sa jouissance, ce tiers lui oppose un droit de propriété ou d'usufruit dont il se prétend investi. Cela suffit pour désarmer le locataire : il ne peut revendiquer puisqu'il n'est pas propriétaire ; il ne peut agir au possessoire, car il n'a jamais été possesseur pour son compte, mais l'instrument de possession du bailleur ; force est donc de recourir à lui. Le bailleur seul pourra répondre à la demande sur le fond.

Dans les deux cas ci-dessus, il peut arriver que le tiers triomphe dans sa demande contre le bailleur. Le bail n'est pas opposable au revendiquant parce qu'il n'est pas un ayant cause du bailleur postérieur au bail (art. 1743). Il peut demander la résiliation ; il peut aussi conserver le bail ; alors l'ancien contrat n'est maintenu qu'en apparence, c'est un nouveau bail qui se orme aux mêmes conditions que l'ancien.

Le recours en garantie du locataire évincé contre son bailleur est soumis à certaines conditions : 1° Le trouble doit avoir été dénoncé au bailleur en temps utile, de façon qu'il ait pu se défendre sans rien perdre de ses avantages. Si le locataire s'est laissé déposséder et n'a averti le bailleur que plus d'un an après, lorsque déjà la possession était acquise à l'usurpateur, qui désormais est défendeur dans la revendication, il ne lui sera dû nulle garantie ; — 2° Il doit résulter du trouble un préjudice sérieux pour le locataire, de sorte qu'il n'est par recevable à recourir en garantie, si le dommage causé est sans importance ; si le tiers vainqueur dans la revendication déclare qu'il accepte le bail, aux mêmes conditions, car il n'y a pas trouble en pareil cas.

J'ai adopté, il est vrai, une autre théorie au § 1°, lorsque le bailleur, ayant modifié la forme de la chose louée, j'ai accordé au locataire un recours en garantie bien que la modification ne lui causât aucun préjudice. La raison en est qu'il s'agissait alors d'un fait du bailleur et qu'il est toujours en faute lorsqu'il agit contre ses engagements.

Pothier exige une troisième condition : 3° Que la cause d'éviction soit antérieure au bail, et j'ajoute : ou, si elle est postérieure, qu'elle résulte du fait du bailleur. Par là Pothier veut dire que l'on ne devrait pas garantie au locataire si l'éviction résultait de sa faute, s'il avait laissé usucaper l'immeuble confié à sa garde. Il veut dire aussi qu'il n'est pas dû de dommages lorsque l'éviction résulte d'une force majeure ; d'une expropriation par exemple.

L'action en garantie s'exerce contre le bailleur ou ses hérétiers. Outre cette action le locataire a une exception de garantie, qu'il opposera utilement aux mêmes personnes alors qu'elles voudraient troubler sa jouissance, et aussi aux succeseurs particuliers du bailleur afin de les obliger à entretenir le bail (art.

1743). Le recours en garantie, lorsque le bailleur n'a pas pu faire cesser le trouble, prend la forme d'une demande soit en résiliation du bail, soit en diminution de prix. Au premier cas elle comprend la décharge des loyers à venir : 2° Une indemnité qui représente le préjudice subi par le locataire. — Au second cas, outre la réduction du prix du bail, et quoique l'art. 1726 n'en dise rien, des dommages-intérêts, car la réduction de cet article est évidemment incomplète.

§ II. *Obligations du preneur.*

1° Le locataire doit garnir les lieux loués suivant leur destination, de meubles ou objets tombant sous le privilége de l'art. 2102, et offrant au bailleur une garantie suffisante. — « Le propriétaire, dit Loysel, peut contraindre son hoste de garnir sa maison de meubles exploitables pour la sûreté de son louage, et, à défaut de ce l'en peut faire sortir » (Liv. 3, tit. 6, n° 5,). Il n'est pas nécessaire que les meubles affectés au privilége du vendeur garantissent tous les loyers échus et à échoir; l'art. 2102, suppose une faillite ou une déconfiture et ce serait rendre impossibles les baux de longue durée. Il appartiendra aux juges de déterminer l'étendue de la garantie que peut exiger le bailleur ; ils consulteront les usages locaux et, le plus souvent, ils auront à appliquer l'art. 417 de la C. d'Orléans qui exigeait que les meubles garantissent au moins le terme courant et le terme à échoir (art. 1752-1741-

1184). Ils devront aussi prendre en considération la profession notoirement exercée par le locataire ; la connaissance qu'aura eu le bailleur de cette profession le rendra non recevable à se plaindre de l'insuffisance du gage. — Le privilége du bailleur n'enlève pas absolument au locataire le droit de disposer de ses meubles ; il est tenu seulement de respecter ce privilége, de laisser dans la maison assez de meubles pour que la garantie soit suffisante ; il peut librement disposer de tout le reste.

2° Le locataire doit payer le prix convenu aux époques convenues sous peine de voir le bail résilié et d'être condamné à payer des dommages-intérêts. Mais la loi ne s'est pas arrêtée là. Dans sa sollicitude pour les propriétaires-locateurs, elle a exagéré les garanties autour de leur droit sans s'apercevoir que s'il fallait que les locataires, dans l'intérêt même de leur crédit, pussent offrir au bailleur une certaine somme de garanties, l'exagération de ces garanties rendait souvent victimes d'une injustice les autres créanciers du locataire. Outre les garanties ordinaires le Code de Procédure (819 et suiv.) lui accorde le droit de saisir-gager les meubles de son locataire, c'est-à-dire de les réserver pour l'exercice de son droit, et d'empêcher toute disparition en attendant qu'il ait obtenu un titre exécutoire. — De plus l'article 2102 organise, au profit du bailleur, un privilége qui est devenu exorbitant avec l'interprétation que lui a donné la jurisprudence.

Le paiement doit être fait au bailleur ou à ceux qui ont pouvoir de lui ou de justice (1239). Fait au propriétaire apparent, il arrivera souvent qu'il ne sera pas opposable au bailleur, car le bailleur est créancier d'une somme d'argent et toutes les règles du paiement lui sont applicables. Cependant le paiement serait valable si le propriétaire apparent s'était montré porteur de l'écrit qui constate le bail, et qui est ici le titre de créance (1240).

Le paiement fait au bailleur est opposable à tous alors même qu'il n'est constaté que par une quittance privée. Cette quittance fera foi vis-à-vis de tous ses créanciers ou ayant-cause, pourvu que le paiement ait été régulier, c'est-à-dire fait à l'époque fixée, soit par le contrat, soit par les usages locaux, car pour tous ces actes les créanciers ont suivi la foi de leur débiteur et, sauf le cas de fraude n'ont pas plus de droits que lui-même.

Lorsque le bailleur vend l'immeuble loué, il cède du même coup à son acheteur tous les droits que le bail lui donne, de sorte que, si le locataire paie au bailleur après la vente, il paie un non-créancier. Cependant ce paiement sera opposable à l'acheteur, alors même que l'écrit qui le constate n'aurait pas date certaine antérieure à la transcription, car le locataire a payé de bonne foi ; il a payé celui qui reste son créancier aux yeux de la loi jusqu'à la signification de la cession de créance (art. 1690), signification qui est remplacée ici par la transcription. —

S'il s'agit d'une saisie réelle de l'immeuble loué le paiement fait au saisi serait opposable aux créanciers saisissants pourvu qu'il eût été fait avant la dénonciation au locataire, qui dans l'espèce, et au point de vue du paiement, produit l'effet de la signification.

3° Le locataire doit user de l'immeuble en bon père de famille, c'est-à-dire : 1° Qu'il est gardien de l'immeuble et chargé de dénoncer au bailleur les prétentions élevées par des tiers sur la propriété de la chose louée; il est responsable de toutes les usurpations qu'il n'a pas dénoncées en temps utile. — 2° Qu'il doit faire les réparations locatives devenues nécessaires pendant la durée du bail (art. 1720-1754). La loi, dérogeant aux principes de droit commun, n'admet pas le locataire à prouver que ces dégradations sont la conséquence de l'usage régulier de la chose louée, parce que la difficulté de cette preuve ferait naître des procès interminables et de très-faible importance. Elle a présumé le cas le plus fréquent, le cas où le locataire est en faute. Mais cette présomption a des limites : la preuve de la force majeure, de la vétusté, n'offrent pas à beaucoup près la même incertitude; elles sont simples et concluantes, aussi ont-elles pour effet de mettre à la charge du bailleur même les réparations locatives (1755).

Il est d'usage, chez les auteurs, de faire une exception à cette règle pour les réparations locatives nécessaires aux portions de l'immeuble dont l'usage est commun à tous les locataires. Je n'en vois pas bien la raison. Sans doute l'on raisonne *a simili* de l'article 1756, mais je pense qu'on n'en a pas le droit; cet article étant exceptionnel à la règle générale des articles 1720-1754, doit être restreint aux hypothèses qu'il prévoit. Il me paraît plus juridique d'admettre la théorie de Pothier (n° 223) et de laisser ces réparations à la charge des locataires. Bien entendu celles de l'article 1756 restent exceptés; la loi a statué et d'ailleurs il est contestable que ce soient là des réparations locatives.

3° Le locataire doit conserver à la chose louée la destination qui lui a été donnée dans le contrat ou que font présumer les circonstances. Quelques auteurs, parmi lesquels M. Duranton (t. 17, p. 74), ont pensé que le changement de destination était permis au locataire toutes les fois qu'il ne causait aucun préjudice au bailleur; que, dans l'article 1729 il fallait remplacer la particule *ou* par la particule *et*, c'est-à-dire exiger les deux conditions, changement de destination et préjudice, pour que le recours contre le locataire fût recevable. Mais cette solution, peut être conforme à l'équité, est repoussée par les termes des articles 1728 et 1729 Code Nap. — L'article 1729 prévoit deux cas différents : d'abord le changement de destination, ensuite l'abus de jouissance alors que la destination est conservée, et, dans les deux cas, il autorise le locataire à demander la résiliation du bail. Il n'y aura, entre les deux cas, que cette différence, que, dans le second, le locataire devra, en plus, réparer le préjudice matériel dont il est cause.

4° Le locataire doit user régulièrement de la chose louée, comme le ferait un propriétaire soigneux de ses intérêts ; c'est-à-dire qu'il est responsable des dégradations dont il est l'auteur.

L'obligation du locataire a pour sanction : 1° une action en résiliation du bail (art. 1729). — 2° Une action en dommages-intérêts réglée par les articles 1146 et suiv. — 3° Lorsqu'il y a eu une dégradation matérielle de la chose louée, une action en indemnité pour réparer le préjudice. Cette dernière action, dont nous allons étudier l'application dans les articles 1732 et suivants, se pose d'ordinaire lorsque le bail vient à finir et que le locataire restitue. Aux termes de l'article 1730 la chose louée doit être rendue telle qu'elle a été reçue, et elle est présumée reçue en bon état de réparations toutes les fois qu'un état des lieux contradictoire ne constate pas le contraire. S'il y a des réparations locatives à faire elles seront à la charge du locataire, à moins qu'il ne prouve qu'elles résultent d'un événement de force majeure, de la vétusté, ou bien que l'état des lieux constate que la chose a été délivrée en cet état. L'action en indemnité est soumise, quant à la compétence, à quelques règles spéciales : le juge de paix statue en dernier ressort jusqu'à la valeur de 100 fr. ; c'est la règle ordinaire. Mais en premier ressort sa compétence, qui ne dépasse pas 200 fr. en droit commun, est étendue jusqu'à 1,500 fr. (art. 4, loi du

25 mai 1838). La même loi s'applique lorsque l'indemnité est réclamée par le locataire, à qui les vices de la chose louée ont causé un préjudice, ou qui réclame le remboursement de dépenses nécessaires faites sur l'immeuble. Toutefois il y a des restrictions : les dégradations provenant d'incendie ou d'inondation, plus délicates dans leur appréciation, rentrent dans les règles ordinaires de compétence. — De plus la dérogation de la loi du 25 mai suppose que le droit à l'indemnité est incontesté ; que l'action qui est portée en justice n'a pour but que d'en déterminer le *quantum* d'après l'évaluation du dommage.

§ III. *De la responsabilité du Locataire.*

Lorsqu'arrive le moment de restituer la chose louée, il se peut qu'elle soit dégradée et des réparations soient nécessaires. A qui de les payer ? Le locataire ne sera-t-il tenu que si le bailleur prouve qu'il est en faute, ou bien la loi le présume-t-elle en faute toutes les fois qu'il ne peut pas prouver sa non-culpabilité ? Cette question, très-vivement débattue à Rome, est formellement tranchée par l'art. 1732 : jusqu'à preuve contraire le locataire est présumé en faute ; c'est donc lui qui devra payer les réparations. La solution de l'art. 1732 ne paraît pas conforme au principe général : que l'on ne présume pas la faute et que c'est celui-là qui l'invoque qui doit en faire la preuve. Cependant elle ne contient aucune dérogation et s'explique facilement : 1° Le locataire a reçu la chose en bon état ; il est juste qu'il la restitue en bon état et que, jusqu'à preuve contraire, les dégradations soient présumées résulter de son fait, c'est-à-dire de sa faute. — 2° L'art. 1732 se justifie surtout par cette raison que le locataire n'est pas dans la position de ceux qui peuvent invoquer le principe de l'art. 1382, que l'on ne présume pas la faute. Le locataire est lié par une obligation qui n'existe pas dans l'hypothèse de l'art. 1382, l'obligation de veiller à la conservation de la chose, et la présomption de l'art. 1732 n'est que la sanction du défaut de vigilance. Le locataire est donc tenu toutes les fois qu'il ne peut pas prouver qu'il a usé de la chose en bon père de famille.

Nous connaissons déjà une dérogation à ce principe ; elle est contenue dans les art. 1720, 1754, 1755, qui, sans augmenter la responsabilité du locataire, limitent, quant aux réparations locatives, les moyens d'échapper à la responsabilité de l'art. 1732. — L'art. 1733 renferme une seconde dérogation de même nature qui nous occupera plus longtemps ; elle a trait à l'incendie de la chose louée.

L'incendie est, par lui-même, un événement de force majeure, et l'on peut d'abord s'étonner de voir le locataire responsable d'un malheur dont il est victime. On s'expliquera cette responsabilité si l'on songe que l'incendie provient le plus souvent de la négligence de ceux qui habitent la maison, c'est-à-dire de la faute des locataires. Sans doute c'est un événement de force majeure, mais seulement lorsque la cause en est fortuite ou, du moins, non imputable au locataire. D'où il suit que c'est au locataire, qui allègue la force majeure, de se purger de toute faute. La preuve est soumise aux restrictions de l'art. 1733. Cet article limite les moyens de justification du locataire, en ce sens qu'il détermine certains faits dont la preuve l'affranchira, sans qu'aucune autre preuve puisse dégager sa responsabilité. — Pour se disculper le locataire devra prouver : Que l'incendie à pour cause un cas fortuit, une force majeure ; qu'il provient d'un vice de construction ; qu'il a été communiqué par une maison voisine. Hors de ces faits point de justification ; la preuve d'un *alibi* serait même insuffisante ; car, si elle amoindrit la présomption de faute qui pèse sur le locataire, elle le laisse responsable pour n'avoir pas veillé, comme il le devait, sur la chose dont il avait la garde.

Cette législation est rigoureuse. La jurisprudence s'est efforcée de l'amoindrir. Un arrêt de Bordeaux du 18 mai 1865 (Sir. 65. 2. 191.) décide que le locataire n'est pas tenu de faire précisément la preuve du cas fortuit qu'il allègue, mais qu'il lui suffit de prouver que c'est le seul moyen d'expliquer la naissance de l'incendie : solution équitable peut être dans l'espèce mais qui à le tort de biffer l'art. 1733 pour rétablir le droit commun de l'art. 1732. Un autre arrêt de la cour de Paris du 23 janv. 1866 (Sir. 66. 2. 79.) conclut à la responsabilité du locataire et motive sa décision sur ce que la maison incendiée n'était habitée que par le locataire et sa famille, au moins lors de l'incendie ; que, s'il y a malveillance, elle ne peut émaner que d'une des personnes de la maison dont le locataire est responsable ; raisons qui expliqueraient les restrictions des art. 1732-1733, mais qui sont superflues puisqu'il suffisait de dire que le locataire ne peut faire aucune des preuves que l'art. 1733 exige.

Les restrictions rigoureuses des art. 1732-33 ne concernent que les rapports de bailleur à locataire ; on n'a pas le droit de les étendre à des cas non prévus, par exemple aux rapports entre locataires de la même maison, ou entre voisins.

Lorsque la maison incendiée était habitée par plusieurs locataires, ils sont tous solidairement responsables de l'incendie vis-à-vis du bailleur (art. 1734) ; c'est-à-dire qu'il peut poursuivre chacun d'eux pour la totalité de l'indemnité, sans que celui-ci puisse lui opposer le bénéfice de division. Il est bien entendu que, les co-locataires n'étant pas *socii*, il n'est ici question que de cette solidarité sans mandat que les jurisconsultes appellent imparfaite. Le locataire a deux moyens de s'y soustraire : 1° La preuve que le feu n'a pas pris chez lui ; 2° la preuve qu'il a pris chez une autre personne. Il échappera ainsi du même coup à la solidarité et à la responsabilité, car cette preuve est celle du 3° de l'art. 1733.

La solidarité ne concerne que le droit de poursuite ; reste la question de contribution ou la répartition du dommage entre les locataires. Elle se fera d'ordinaire. *pro parte virili*, car la faute est présumée égale et ne dépend en aucune façon de la valeur relative des lieux loués. Cependant la règle n'est pas absolue, car les restrictions, que nous venons d'étudier, ne sont pas applicables entre locataires, et toutes les preuves seront admises pour faire supporter la faute au vrai coupable.

L'indemnité due au bailleur ne doit être que la réparation du préjudice ; il ne peut donc pas exiger que la maison incendiée par la faute du locataire soit reconstruite à ses frais ; mais seulement qu'il lui paie sa valeur lors de l'incendie. Sans cela le bailleur gagnerait au sinistre.

Il pourrait arriver qu'au moment de l'incendie le bailleur n'habitât une partie de la maison ; la responsabilité solidaire des locataires sera-t-elle modifiée par cette situation particulière ? Non, dans le cas où le bailleur pourra prouver que le feu n'a pu prendre chez lui ; il se trouvera alors dans la position du locataire du 3e § de l'art. 1734 qui, au moyen de la même preuve que vient de faire le bailleur, se soustrait à toute responsabilité même pour la partie de la maison qu'il habitait.

Mais si le bailleur ne peut pas faire cette preuve, la règle change. D'abord, comme la présomption légale met à sa charge une partie de la faute, il supportera une part de responsabilité et devra retrancher, de l'indemnité qu'il demande aux locataires, la portion qu'il devrait supporter s'il était locataire lui-même. Quelques auteurs sont allés plus loin : ils ont soutenu, qu'en pareil cas, aucune indemnité n'était due par le locataire. C'est là une erreur manifeste, car la faute du bailleur est aussi la faute des locataires, qui, dès lors, ne peuvent l'opposer comme exception à sa demande en indemnité. Leur position est égale ; chacun a sa part de faute, chacun doit supporter sa part d'indemnité. La position du bailleur est analogue à celle du débiteur solidaire de l'art. 1213 qui a payé, sur la poursuite du créancier, la dette tout entière et qui peut recourir contre ses codébiteurs pour tout ce qui a excédé sa part. Le bailleur est à la fois créancier et débiteur : débiteur pour partie et créancier pour le tout. Il se paie à lui-même la part dont il est tenu ; mais il reste créancier du surplus, et les locataires ne peuvent pas plus lui opposer qu'il était lui-même débiteur, que ne le pourraient les codébiteurs de l'art. 1213. — D'ailleurs l'obligation de restituer à la fin du bail suffirait à expliquer la demande en indemnité du bailleur.

Les locataires sont tenus d'une indemnité représentative du dommage, déduction faite de la part du bailleur ; mais ne sont-ils pas tenus solidairement ? La question pourrait paraître douteuse, si l'on ne consultait que l'art. 1209, qui maintient la solidarité dans une hypothèse analogue : le cas où le créancier devient l'héritier de l'un des débiteurs solidaires. Cependant, je ne crois pas que la solidarité doive être admise. Il ne s'agit pas ici d'une solidarité conventionnelle comme dans l'art. 1209 ; l'art. 1734 édicte, contre les locataires, une disposition sévère, exceptionnelle, que l'on n'a plus le droit d'invoquer lorsque, comme dans notre hypothèse, on est sorti du cas spécialement prévu.

La responsabilité du locataire, à l'égard de son bailleur, comprend les dégradations commises par les personnes qu'il a reçues chez lui (art. 1735), sans que l'on doive distinguer entre les tiers, les gens de service, ou les sous-locataires. Mais la distinction deviendra nécessaire si l'on envisage les rapports de l'auteur du dégât, soit avec le bailleur, soit avec le locataire responsable. S'agit-il d'un tiers? on lui appliquera l'art. 1382, et il ne sera tenu de réparer qu'autant que la preuve de sa faute sera faite par le demandeur en indemnité. S'agit-il d'un sous-locataire? Il est, comme le locataire, tenu de veiller à la conservation de la chose, soit vis-à-vis du locataire, soit même vis-à-vis du bailleur (art. 1753), de sorte qu'il devra réparer le dommage, à moins de prouver qu'il ne résulte pas de sa faute (art. 1732).

Qu'arrivera-t-il à la fin du bail, lorsque le locataire devra restituer l'immeuble, s'il y a fait des améliorations qui augmentent de beaucoup sa valeur? Peut-il emporter? Doit-il abandonner? A-t-il droit à une indemnité? Distinguons.

Le locataire, tenu des réparations locatives, les a faites somptueuses; il a placé des tentures, des statues, etc. Tous ces objets sont meubles et n'ont pas pu devenir immeubles par destination, alors même qu'ils auraient été attachés au fonds à perpétuelle demeure, parce qu'ils n'ont pas été placés par le propriétaire (art. 524). Ils restent donc la propriété du locataire qui pourra toujours, à la fin du bail, les enlever, sans que le bailleur les puisse retenir en en offrant la valeur (art. 599), il doit seulement remettre les lieux loués dans l'état où il les a reçus. Quant aux améliorations qui ne peuvent être enlevées, elles sont acquises au propriétaire sans indemnité; c'est la faute du locataire s'il a dépassé son obligation; du reste, comme il n'a pas été fait d'état estimatif de la valeur de l'immeuble au commencement du bail, la fixation de l'indemnité serait impossible.

Le locataire a fait des constructions. Les matériaux qu'il a employés ne conservent pas leur qualité de meubles, et la solution du premier cas ne leur est pas applicable; ils deviennent une maison, un immeuble par nature qui n'est que l'accessoire du sol dont le bailleur est propriétaire. L'accessoire suit le sort du principal et le locataire se trouve exproprié. Pourra-t-il réclamer une indemnité? Si le cas a été prévu dans le bail, pas de difficultés; il sera réglé par la stipulation même des parties. — Si le bail est muet, la question sera plus délicate et divers arrangements pourront intervenir. En aucun cas, le locataire ne pourra exiger que la construction soit démolie pour qu'il puisse reprendre ses matériaux, ou plutôt le propriétaire du sol pourra toujours s'opposer à cette démolition, mais à la charge de lui rembourser le prix des matériaux et de la main-d'œuvre. Cette décision de l'art. 555, C. Nap., empruntée à la loi romaine, s'explique par l'intérêt même des parties, et aussi par cette considération qu'il faut le plus possible éviter les pertes de travail et conserver les constructions faites.

Mais il paraît que ces raisons n'ont pas été trouvées assez bonnes pour être imposées au propriétaire, car le même article 555 lui reconnaît le droit de demander la démolition des constructions, et même lui accorde des dommages-intérêts, si elles lui ont causé un préjudice. Bien entendu, les matériaux, redevenus meubles, redeviennent la propriété du locataire. — Ainsi, tout dépend du parti que prendra le propriétaire bailleur, dont l'intérêt, comme toujours, prime tous les autres. Il est vrai aussi qu'il y a eu imprudence de la part du locataire, et qu'il y aurait injustice à subordonner la rentrée du bailleur dans l'exercice de ses droits de propriétaire, à la condition de payer au locataire une indemnité imprévue, et peut-être considérable.

Section II. — De la sous-location.

Nous aurons peu à dire sur la sous-location ; le droit français ayant reproduit à peu près exactement la théorie romaine déjà expliquée. Nous renvoyons donc à la fin du chapitre II de la première partie : on y trouvera la distinction entre la cession de bail et la sous-location ; on y verra l'origine de la relation directe, entre bailleur et sous-locataire, établie par l'art. 1753. Nous avons fort peu à ajouter.

La défense de sous-louer, comprise dans le bail, est

toujours de rigueur dans le droit français (art. 1717). Toutefois, si elle est violée, il n'en résulte pas nécessairement la résolution du premier bail ou la condamnation du locataire; même dans cette circonstance, le juge conserve le pouvoir discrétionnaire de l'art. 1184 et peut, soit accorder un délai, soit même maintenir le bail, si le locataire consent à indemniser le sous-locataire qui se retire.

La défense de sous-louer comprend celle de céder le bail; la défense de sous-louer sans le consentement du bailleur a, d'ordinaire, le même sens. Cependant, s'il se présente une clause équivoque, c'est aux juges qu'il appartiendra de l'interpréter : par exemple, s'il a été stipulé que le locataire pourrait sous-louer, pourvu qu'il fît agréer par le bailleur, le sous-locataire qu'il lui présente, ce sera à eux de décider si la clause donne au bailleur un droit arbitraire, ou bien si elle permet de lui imposer un sous-locataire, qui offre toutes les garanties, et remplit toutes les conditions qu'il pouvait désirer (Colmar, 12 avril 1864. — Loi 64, 2, 285).

Quelque rigoureuse que soit la défense de sous-louer, elle ne peut enlever ce droit aux créanciers de l'art. 2102 (Cod. Nap.) ; en pareil cas, le droit de relocation ne naît pas du bail ; c'est un bénéfice que les créanciers tiennent de la loi, en dépit de toute convention contraire, et qui n'est qu'une faible compensation des droits exorbitants accordés au bailleur en pareille circonstance.

L'action directe que l'art. 1753 donne au bailleur contre le sous-locataire, s'explique, comme à Rome, par une convention tacite présumée. On suppose que le bailleur ne permet au locataire d'enlever ses meubles, et n'autorise l'installation du sous-locataire, que parce qu'il lui offre des sûretés nouvelles ; parce qu'il substitue ses meubles à ceux qui ont été enlevés et qu'il les affecte, dans la mesure de sa propre dette, à la garantie de celle du bailleur. Le sous-locataire a donc deux créanciers : le locataire d'abord, qui est son bailleur ; puis le bailleur du locataire. Seulement cette dernière créance est soumise à quelques restrictions :

1° Le bailleur ne peut demander au maximum au sous-locataire que la somme qu'il doit actuellement au locataire ; de sorte que s'il a payé régulièrement, s'il ne doit rien au locataire, la demande du bailleur ne sera pas recevable ;

2° Sur la somme actuellement due par le sous-locataire, il n'obtiendra que la somme pour laquelle il est créancier du locataire. Si l'on suppose que chacun des débiteurs, locataire et sous-locataire, doive en même temps un terme, et que, comme il arrive d'ordinaire, le prix de la sous-location soit le plus élevé, le bailleur ne pourra demander que le prix de la location. Comme aussi, s'il arrive que le prix de la sous-location soit moins élevé, ou bien que le locataire doive plusieurs termes, le bailleur ne pourra exiger du sous-locataire que le prix de la sous-location ; sauf le recours contre le locataire pour le surplus dont il reste débiteur.

L'action du bailleur contre le sous-locataire étant subordonnée à cette condition, que le locataire soit lui-même débiteur, il y a intérêt à rechercher quels paiements faits au locataire sont opposables au bailleur. La réponse est dans l'art. 1753. Tous paiements réguliers, c'est-à-dire faits en vertu d'un usage local ou d'une clause de bail. La quittance qui les constate, alors même qu'elle n'a pas date certaine, fait foi contre le bailleur, car il a connu le sous-location, et, pour tous ces actes réguliers, il a suivi la foi de son débiteur.

Section III. — De la tacite reconduction.

Lorsqu'un bail à terme est expiré, si le locataire continue d'occuper l'immeuble, et si le bailleur le laisse en jouissance, les deux parties sont présumées donner leur adhésion à un nouveau contrat de louage qui, comme le premier, se forme par le seul consentement (art. 1730). C'est au juge qu'il appartient de décider si la prolongation de jouissance est suffisante pour produire la reconduction (Pothier, *louage* 349).

La tacite reconduction n'est possible que dans les baux à terme, car elle est un nouveau bail tacite, se substituant à l'ancien, qu'il faut nécessairement supposer expiré. S'il s'agit d'un bail sans terme, la renonciation au bénéfice du congé, par la partie qui l'a donné, n'opère pas reconduction, elle ne fait que maintenir et prolonger le bail déjà existant.

La tacite reconduction, résultant d'une convention présumée, ne peut avoir lieu si l'une des parties est devenue incapable de donner un consentement, par exemple si elle est frappée de démence. Elle n'a pas lieu non plus si l'une des parties manifeste une volonté contraire ; le locataire en cessant d'occuper l'immeuble ; le bailleur en lui signifiant un congé avant que la continuation de jouissance soit suffisante pour opérer la reconduction (art. 1739). Ce congé n'est pas le même que celui de l'art. 1736, qui a pour but de mettre fin au bail sans terme ; c'est une simple manifestation de volonté qui n'est soumise qu'à cette condition, de se produire en temps utile, avant qu'il y ait reconduction.

Le nouveau bail, né de l'accord tacite des parties, ressemble en tout à l'ancien, sauf deux différences importantes :

1° Les cautions, les hypothèques données par des tiers pour garantir le premier bail sont affranchies, et ne garantissent pas la reconduction, à moins de nouvel engagement. Il en est de même de l'hypothèque fournie par le locataire; on n'a pas le droit de l'étendre au deuxième contrat ; non point que le consentement manque, puisque les parties sont présumées consentir aux mêmes conditions, mais parce que le consentement ne suffit pas pour produire un droit d'hypothèque, dont la naissance est subordonnée par la loi de l'observation de certaines formes protectrices (art. 2117-2127).

2° Le premier bail était à terme, le second sera sans terme (art. 1738) ; et les parties pourront toujours mettre fin au nouveau bail, en observant les prescriptions de l'art. 1736.

Section IV. — Fin du bail.

Le bail à terme finit par l'expiration du délai stipulé, et il finit nécessairement sans que les parties aient un moyen de l'empêcher. La tacite reconduction, qui peut s'opérer en pareille circonstance, n'est pas la continuation du premier bail, mais un bail nouveau qui vient s'ajouter à l'ancien. Lorsqu'est arrivé le terme, aucun congé n'est nécessaire pour mettre fin au bail ; mais il peut être utile pour empêcher la tacite reconduction. Dans les art. 1736-37, il faut prendre les mots baux écrits, sans écrit, comme synonymes des mots baux à terme, sans terme ; c'est une locution vicieuse, consacrée par la pratique, et qui s'explique par l'usage établi de ne rédiger par écrit que les baux à terme.

Le bail sans terme finit par un congé régulièrement donné par l'une des parties à l'autre (art. 1736). Pour les baux à ferme, la règle n'est pas la même ; car, lorsque les parties n'ont pas stipulé de terme, il en existe un, que la loi détermine dans l'art. 1775, et que les parties doivent subir. C'est l'ancienne législation qui s'appliquait autrefois aussi bien aux baux à loyer qu'aux baux à ferme, et qui n'a été maintenue que pour les derniers.

Le congé est une manifestation de volonté, à laquelle la loi a donné la force de rompre le bail pourvu qu'elle se manifestât dans certaines conditions. C'est une faculté que les parties tiennent de la loi et qui a sa raison dans cette considération d'ordre public, qu'on ne saurait admettre des engagements sans limites. Cela explique pourquoi on devrait déclarer nulle la clause qui voudrait supprimer le droit de donner congé. — Seulement cette résolution, par le congé, est au fonds une résolution conventionnelle, et la loi n'est que l'interprète de l'intention des parties. Non pas que le contrat de résolution se produise au moment du congé, et qu'il faille l'acquiescement de l'autre partie pour que la résolution puisse se produire ; le contrat s'est formé au moment où le bail a été conclu. La loi suppose que les parties ont convenu, que chacune d'elles pourrait, en manifestant son intention en temps utile, faire cesser le bail, le résoudre pour l'avenir. Le congé n'est donc que la condition qui permet aux parties d'invoquer le contrat de résolution ; c'est un acte unilatéral qui n'a besoin ni d'acceptation, ni d'homologation judiciaire.

Le congé n'opère pas résolution immédiate ; il la doit précéder d'un certain délai imposé par la loi, afin de donner aux parties le temps de trouver, soit un nouveau logement, soit un nouveau locataire ; le délai est fixé par les usages locaux.

L'acte du congé n'est assujetti à aucune forme, seulement la preuve n'en peut être faite par témoins même au-dessous de 150 fr. (art. 1715). Cela fait que le plus souvent il sera donné par exploit d'huissier, ou bien dans la quittance qui constate le paiement du terme. La nullité de l'exploit pour vices de forme ne porterait aucune atteinte à la validité du congé, si l'acte était reconnu et avoué par l'autre partie, (Cass. 3 mai 1865.

— Sir. 65. 1. 249). Il était autrefois accompagné d'une citation à comparaître en justice pour la voir déclarer valable. (Bourjon, t. I, p. 64. — Pigeau, t. II, p. 413). On a supprimé cette formalité dont les frais absorbaient quelquefois le prix du bail.

Le congé donné par un copropriétaire indivis, ne vaut que s'il a mandat d'administrer pour ses copropriétaires, et s'il a seul, en cette qualité, passé le bail. Hors ce cas, le congé est de nul effet, le locataire ayant le droit d'exiger une jouissance complète ; il ne vaudra qu'à la condition d'être donné par tous les copropriétaires. — Entre colocataires par indivis, et solidairement responsables, le congé donné à l'un d'eux sera efficace à l'égard de tous; le congé donné par l'un d'eux sera de nul effet s'il n'est appuyé du consentement de tous les autres.

Il peut arriver que le locataire refuse de vider les lieux ; quel moyen employer pour vaincre sa résistance? L'expulsion des meubles par le ministère d'un huissier est un moyen beaucoup trop coûteux pour être employé. Reste l'ancien usage : enlever les portes et fenêtres, même la toiture, pour forcer le locataire à déguerpir. On a dit que ce moyen, ce procédé était antijuridique, parce qu'il permettait au bailleur de se rendre justice à lui-même. Il n'en est rien : se rendre justice à soi-même, c'est décider de sa propre autorité une question de droit pendante ; or, ici la question de droit est résolue, et le locataire ne conteste pas le droit du bailleur. Dès lors le locataire n'est plus qu'un usurpateur sans droit contre lequel le propriétaire peut se défendre.

Les conflits qui s'élèvent en matière de congé sont jugés par le juge de paix, en dernier ressort, lorsque les baux ne dépassent pas 100 fr. ; au-dessus, et jusqu'à 400 fr., à Paris comme dans toutes les autres villes, en premier ressort. (Loi du 25 mai 1838, art. 3, modifiée par la loi du 5 mai 1855.)

Le bail n'est pas résolu par la mort du bailleur ou celle du locataire; il continue avec les héritiers qui succèdent aux obligations de leur auteur (art. 1742).

Le bail survit aussi à la résolution du droit du bailleur toutes les fois que le titre, en vertu duquel il possédait lui donnait le pouvoir d'administrer et de passer des baux. Ainsi du bail passé par le grevé de substitution, que l'appelé fait déchoir de son droit ; du bail passé par le donataire dont la donation est plus tard révoquée, car si la résolution est rétroactive et efficace, souvent même contre les tiers (art. 954-963), cette rétroactivité ne s'applique pas aux actes d'administration. — La même solution doit être admise lorsqu'il s'agit de savoir si le bail du sous-locataire survit à la résolution du bail du locataire, et si le bailleur est tenu de le subir. Il n'y a pas à invoquer, je crois, l'art. 1743, le locataire n'ayant aucun droit réel sur la chose louée, et le bailleur ne pouvant en aucune façon être considéré comme son successeur particulier, puisqu'il a toujours eu tous les droits réels sur l'immeuble. Il faut seulement considérer que le titre du locataire lui donnait le droit d'administrer, de passer des baux, et que ce droit est formellement écrit dans l'art. 1717. On pourrait encore invoquer la fiction de convention tacite sur laquelle repose l'action directe de l'art. 1753 ; il en résulterait que le bailleur aurait été partie dans le contrat de sous-location, et que, par son acquiescement, il se trouverait lié, non plus seulement pour neuf années, mais pour toute la durée du bail. Mais cette solution ne repose que sur une fiction, et il y aurait, je crois, imprudence à l'admettre. La véritable raison qui maintient la sous-location, c'est qu'elle émane d'un administrateur reconnu par la loi; mais alors l'art. 1429 est applicable, et le bail ne vaut pas au delà de neuf ans.

Le bail passé par l'adjudicataire fol enchérisseur est opposable au nouvel adjudicataire, non point par application de l'art. 1743, puisque l'adjudication est résolue rétroactivement, et que le fol enchérisseur est censé n'avoir jamais été propriétaire, mais parce que le bail est un acte d'administration que son titre lui donnait le droit de faire. Le bail vaudra donc pour neuf années, s'il est fait sans fraude. (Paris, 25 janvier 1835. — Sir., 35, 2, 102.). Mais il ne peut valoir au delà, quoi qu'en ait dit un arrêt rendu par la même Cour, le 19 mai de la même année, car l'adjudicaire fol enchérisseur ne peut invoquer que son droit d'administration. — Pour le surplus, il devra des dommages-intérêts au locataire expulsé.

Toutes les fois que le bailleur possédait sans titre,

ou que son titre ne lui donnait pas le droit de passer des baux, les baux par lui consentis ne sont pas opposables aux ayant-droit sur l'immeuble, et tomberont sur leur demande.

Le bail finit par la perte ou la destruction de la chose louée, en ce sens que le locataire ne peut forcer le bailleur à reconstruire la maison détruite pour lui fournir un logement ; que le bailleur peut s'y refuser, sans être aucunement tenu de dommages-intérêts, à moins que la destruction ne résulte de son fait. La destruction peut être totale ou partielle. La résolution du bail est le seul parti à prendre dans le premier cas ; dans le second, il peut se produire diverses situations. Si la partie détruite est considérable, et s'il est évident que la privation de cette partie du bâtiment causerait au locataire un préjudice sérieux, il a le choix entre l'action en résiliation et l'action en diminution du prix, sans qu'il puisse obtenir des dommages s'il ne prouve la faute du bailleur. Si la perte est peu considérable, il pourra arriver que le locataire soit tenu de la subir sans se plaindre.

Sur cette matière, une question délicate pourra s'élever, et obligera les Juges du fait à faire une distinction toujours importante et souvent difficile. Lorsqu'il s'agit d'une destruction partielle, le bailleur n'est pas tenu de la réparer ; lorsqu'il s'agit d'une grosse réparation, le bailleur est forcé de la faire sous peine de dommages-intérêts. Entre les deux cas, si diversement réglés par la loi, il n'y a qu'une différence du plus au moins; ils pourront même quelquefois se confondre, et plonger l'esprit du Juge dans une cruelle incertitude. Quoiqu'il en soit, il a plein pouvoir pour trancher le débat.

Le bail d'un immeuble est opposable à toutes personnes qui, postérieurement acquièrent, du chef du bailleur, des droits réels sur cet immeuble, pourvu toutefois que le bail ait date certaine antérieure à l'acquisition du droit réel, et, de plus, s'il s'agit d'un bail de plus de dix-huit ans, qu'il soit transcrit avant la transcription du droit qui doit le subir (art. 1743, 1750. — Loi de 1855. — Douai, 15 fév. 1865. — Sir., 65, 2, 41). Cette règle, spéciale au Code Napoléon, est une dérogation au principe que le successeur particulier n'est pas lié par les obligations contractées par son auteur; et que, s'il est tenu de subir les droits réels établis sur l'immeuble dont il devient propriétaire, c'est moins comme personnellement obligé, que comme détenteur d'un immeuble qui est le débiteur véritable. Elle en justifie par des raisons d'utilité déjà développées, et aussi par l'intérêt du bailleur dont le crédit se trouve augmenté par les sûretés et les avantages qu'il offre à son locataire.

En droit, on l'analyse de diverses manières. Pour M. Troplong, partisan du droit réel, l'explication est facile; c'est un droit réel antérieur qui s'impose à un droit réel postérieur. Elle est plus délicate pour nous qui n'accordons au preneur qu'un droit de créance. Nous avons cependant déjà expliqué que l'art. 1743 ne fait qu'imposer aux parties une clause fort usuelle dans les contrats de vente, avant qu'existât le Code, la clause par laquelle l'acheteur de l'immeuble loué s'engageait à entretenir le bail. Il s'opérait ainsi une subrogation conventionnelle par laquelle l'acheteur se trouvait substitué au vendeur, dont il acceptait toutes les charges. Par l'art. 1743, la subrogation est devenue obligatoire, légale ; c'est là tout le changement.

Cette théorie n'est pas acceptée par tout le monde. Des auteurs fort recommandables, MM. Aubry et Rau (§ 369, *note* 18) rejettent l'idée d'une subrogation virtuelle, par la raison qu'elle conduirait à cette conséquence, pour eux inadmissible, pour moi toute naturelle, que l'acheteur, même en abandonnant les loyers à venir, pourrait se voir contraint à continuer de fournir la jouissance. Ils ne se sont pas aperçus que permettre au bailleur de s'affranchir des obligations qui résultent du bail, à la condition de renoncer au paiement du loyer, c'est l'autoriser à rompre le bail que l'art. 1743 entend maintenir. Voici leur théorie. Pour eux l'art. 1743 n'est que la conséquence de ce principe que l'on ne peut transmettre plus que l'on n'a. Il n'y a pas de droit réel constitué au profit du locataire, c'est vrai ; mais le propriétaire, ayant limité son droit de propriété, ne peut transmettre à l'acheteur qu'une propriété limitée. Il ne faut pas cependant se payer de mots. Un droit ne peut être limité que par un droit, et, comme on nous accorde qu'il n'est pas question de droit réel, la limite doit être une obligation. Or, voilà ce qui me paraît inadmissible, qu'une obligation vienne limiter un droit de propriété. L'obligation est un lien de droit destiné à contraindre la volonté d'une personne ; la propriété un droit absolu sur une chose indépendamment de toute personne. Les deux choses sont entièrement différentes, et l'on ne peut pas comprendre comment le droit que j'ai sur une chose, pourrait être amoindri ou modifié par les relations toutes personnelles que j'établirais avec un tiers. Un droit réel ne peut donc être limité que par un droit de même nature ; et, si le droit du preneur est personnel, il ne peut limiter la propriété.

MM. Aubry et Rau ajoutent, il est vrai, que le propriétaire-vendeur n'a limité que l'*exercice* de son droit de propriété. Mais quelle peut être cette limite ? On ne peut en concevoir d'autre que les obligations que le bail a fait naître, et que le propriétaire s'est engagé à remplir sous peine de dommages-intérêts ; toute autre est incertaine et arbitraire. Et du moment que l'on reconnaît que la même limite est imposée à l'acheteur, voilà que cet acheteur se trouve tenu de toutes les obligations du bail ; en d'autres termes, et comme je le disais au début de la discussion, qu'il est subrogé au bailleur dans tous ses droits et obligations.

Le mot expulser de l'art. 1743 ne doit pas être pris à la lettre ; la règle édictée par cet article est également applicable qu'il y ait ou non prise de possession. (*Chambéry*, 28 nov. 1862, — *Sir.*, 63, 2, 87.)

Il peut être stipulé, entre bailleur et locataire, que le

bail ne sera pas obligatoire pour l'acheteur de l'immeuble (art. 1744). Bien qu'il n'ait pas été partie dans cette stipulation, l'acheteur peut s'en prévaloir aussi bien que le vendeur (art. 1748), ce qui suppose entre eux une sorte de cession d'actions. Toutefois l'exercice de ce droit d'expulsion est soumis à des restrictions qui sont autant de garanties pour le locataire. Il doit être précédé : 1° d'un congé régulièrement donné dans les délais ordinaires ; 2° du paiement, soit par l'acheteur, soit par le vendeur (art. 1749), d'une indemnité, réglée par l'art. 1745 à défaut de convention, et représentative du préjudice causé par cette expulsion.

S'il s'agit d'un acheteur à réméré, l'expulsion ne peut avoir lieu que lorsque l'expiration du délai convenu a consolidé son droit (art. 1715).

Parmi les acquéreurs de droits réels à qui l'art. 1743 impose le bail, se trouve l'usufruitier ; il doit subir le bail antérieurement passé par son vendeur ou donataire d'usufruit. Il peut arriver, qu'au cours de l'usufruit, l'usufruitier et le locataire s'accordent, et mettent fin au bail, avant le terme stipulé, par une résolution amiable. Proudhon (*de l'usufruit, usage et habitation, n° 1229*) se demande si cette résolution sera opposable à l'héritier nu-propriétaire de l'immeuble ; il conclut pour la négative et pense que, si l'usufruit vient à finir avant l'époque fixée pour la fin du bail, l'héritier pourra exiger que le locataire reprenne sa jouissance ou lui paie des dommages-intérêts. Cette solution me paraît inadmissible. L'usufruitier est seul administrateur ; il entre dans ses pouvoirs de faire et de défaire des baux, et ses actes d'administration sont inattaquables. Le nu-propriétaire d'ailleurs n'est pas recevable à invoquer l'art. 1743 pour faire tomber le bail ; l'article le soutiendrait plutôt. Le droit de passer des baux est incontestablement lié au droit réel de jouissance, d'où il suit qu'il appartient à l'usufruitier et non au nu-propriétaire. Lorsqu'arrive l'expiration de l'usufruit, le nu-propriétaire succède à l'usufruitier quant au droit de jouissance, et se trouve forcé d'accepter tous ses actes d'administration. Il subit les baux passés par l'usufruitier, au moins dans la mesure de neuf années, et ne peut faire revivre ceux qu'il a résolus, parce qu'il ne peut pas puiser un droit dans une administration antérieure ; parce que, quant à la jouissance, il est l'ayant-cause, non pas du *de cujus*, mais de l'usufruitier.

L'article 1716 rejette la célèbre loi Œde qui permettait au bailleur de chasser son locataire lorsqu'il voulait habiter lui-même la maison louée; loi toute d'injustice et de faveur pour les propriétaires. On l'a abolie parce qu'elle allait directement contre son but, l'intérêt des propriétaires. En enlevant toute sécurité aux locataires, elle ruinait le crédit des bailleurs et les obligeait, soit à accepter des clauses contraires à la loi Œde, qui devenait alors inutile, soit à subir une réduction dans le prix du bail, ou autres conditions désavantageuses, qui les rendaient victimes de la faveur même qui leur était faite.

L'extinction du bail peut aussi être l'effet d'une

condition résolutoire stipulée dans le bail; ou bien de celle qui est de plein droit comprise dans tous les contrats synallagmatiques, de celle de l'article 1184 spécialement appliquée au bail par l'article 1741. Il y aura cependant cette différence, entre la condition résolutoire stipulée et celle de l'article 1184, que la première produira son effet de plein droit, tandis que la deuxième n'opérera la résolution du contrat que lorsqu'elle aura été prononcée par le juge. Le juge, outre son pouvoir d'apprécier en fait si la condition de l'article 1184 est remplie, a la faculté d'accorder des délais au débiteur.

Parmi les obligations du locataire est celle de garnir l'immeuble loué de meubles de valeur suffisante pour répondre du paiement. La faillite du locataire, la saisie de ses meubles peuvent mettre fin au bail parce que, d'ordinaire, ces meubles sont vendus et qu'il ne reste plus de garanties au bailleur. Nous allons étudier ces questions avec quelque détail au chapitre suivant.

CHAPITRE III.

Des garanties du bail.

Section I. — Du privilége du bailleur a loyer.

L'hypothèque tacite que la loi romaine accordait au bailleur sur les meubles de son locataire passa dans le droit coutumier et s'y transforma en privilége, c'est-à-dire que son efficacité devint indépendante de sa date. Les pays de droit écrit conservèrent la distinction établie à Rome entre le bail à loyer et le bail à ferme : pour le premier accordant privilége sur les meubles du locataire qui garnissaient la maison ; pour le second sur les fruits et récoltes de l'année, mais refusant de l'étendre aux meubles et ustensiles de la ferme (Pothier, *Introd.* au tit. 19 de la Cour d'Orléans, n° 30. — Domat, *Lois civiles, Gages et Hypothèques*, l. 3, tit. 1, sect. 5, n° 14). Les pays rejetèrent la distinction et grevèrent du privilége, même les meubles et ustensiles de la ferme.

Le Code Napoléon a adopté, comme d'ordinaire, la théorie des pays coutumiers.

I. *Quels objets sont grevés du privilége?*

Appliqué au bail à loyer, le privilége s'étend, aux termes de l'article 2102, sur tout ce qui garnit la maison louée. Cette expression collective est un peu vague ; précisons. Sont grevés du privilége : 1° tous les meubles et ustensiles apparents, placés à demeure dans l'immeuble, sans distinguer s'ils appartiennent ou non au locataire pourvu que le bailleur ait cru qu'il en était propriétaire ; — 2° parmi les meubles non apparents, ceux que l'on trouve d'ordinaire dans les ménages et sur lesquels le bailleur a pu légitimement compter. Dans la première catégorie nous comrendrons : 1° les meubles meublants (voy. Brodeau-Ferrière sur 161 C. Paris); — 2° les marchandises placées dans les magasins; les denrées qui garnissent les greniers; même les provisions destinées à la consommation de la famille. — Dans la deuxième, la vaisselle, l'argenterie, les ustensiles de cuisine, le linge, etc.

Le privilége ne grève ni les titres de créance, ni les bijoux, ni l'argent en caisse, ni les valeurs fiduciaires d'aucune espèce; le bailleur a probablement ignoré leur existence, et n'a pu compter sur eux. De plus, à moins d'obliger le locataire à les consigner, et de lui enlever ainsi l'usage de son bien, il serait impossible au bailleur d'empêcher qu'une telle garantie lui fût soustraite.

En cas d'incendie de la maison louée, on décide que l'indemnité allouée par la Compagnie d'assurances au locataire, ne se substitue pas aux meubles brûlés, et qu'elle n'est pas grevée du privilége. Cette indemnité ne représente pas les meubles; elle est l'équivalent des primes d'assurances payées par le locataire; cela s'explique facilement. Le contrat d'assurance est un engagement synallagmatique par lequel l'assuré promet de payer des primes annuelles qui resteront acquises à la Compagnie à tout événement; l'assureur, de son côté, promet de payer une somme déterminée, qui est censée représenter la valeur des objets assurés, s'ils sont détruits par un sinistre d'une espèce prévue. Si la destruction est partielle, il sera dû une part proportionnelle de la somme stipulée. Ainsi la créance du locataire est certaine; celle de la Compagnie, conditionnelle et aléatoire. Ce n'est donc pas l'incendie qui est la cause de la dette de l'assureur, pas plus que le préjudice subi par le locataire ; il paie ce qu'il a promis en échange des primes ; la destruction des meubles ne joue dans le contrat qu'un rôle secondaire; ce n'est que la condition de la dette de la Compagnie.

De plus, il est bien certain que le bailleur n'a pas été partie au contrat d'assurance ; ce contrat ne peut ni lui profiter, ni lui nuire; pour lui, il n'existe pas. Or, s'il n'y eût pas eu d'assurance, la destruction des meubles lui enlevait certainement son privilége; l'assurance lui restant étrangère, il ne peut pas en argumenter pour faire revivre son droit.

Il faut admettre, je crois, la même solution au cas d'expropriation pour cause d'utilité publique, et décider que l'indemnité allouée au locataire n'est pas grevée par le privilége du bailleur. Un arrêt de Rouen (12 juin 1863. — Sir., 63, 2, 75) a admis la solution contraire; je ne la crois pas juridique. Tout à l'heure, lorsqu'il s'agissait de l'indemnité allouée par la Compagnie d'assurances, le bailleur pouvait alléguer qu'elle avait pris la place des meubles détruits; mais, dans notre hypothèse, ce raisonnement même n'est pas possible, puisque tous les meubles sont conservés et que la garantie est restée la même. L'arrêt s'appuie sur l'art. 1741 qui fait résoudre le bail par la perte de la chose louée; mais on ne comprend pas comment la perte de la chose louée peut augmenter le gage du créancier. Le bailleur invoque la résolution anticipée du bail; mais le locataire n'en est nullement cause; il peut s'en plaindre comme lui, puisqu'il en souffre tout autant. L'expropriant les a indemnisés l'un et l'autre; il est juste que chacun garde son indemnité et que celle du locataire devienne le gage commun de tous ses créanciers.

II. *Conditions du privilége.*

Le privilége du bailleur repose sur l'idée d'un nantissement tacite; de sorte que deux conditions sont nécessaires à sa validité : 1° la bonne foi du créancier, c'est-à-dire la croyance que les meubles qui garnissent la maison sont la propriété du locataire; — 2° la possession par le bailleur (art. 2076-2279). — L'inscription au bureau des hypothèques n'est pas requise; le privilége ne grevant que des meubles qui n'ont pas d'assiette hypothécaire. Même s'il s'agit d'un bail de plus de dix-huit ans, le défaut de transcription n'aura aucune influence directe sur le privilége; sans doute, il se trouvera réduit, mais seulement parce que le défaut de transcription a pour conséquence la réduction du bail, et que le privilége ne peut comprendre plus d'années que lui.

1° *Bonne foi.* — Lorsque les meubles apportés par le locataire appartiennent à un tiers, ils restent néanmoins affectés à la sûreté du bail, si le bailleur a ignoré cette circonstance. C'est une application de la maxime coutumière : « En fait de meubles, possession vaut titre, » en vertu de laquelle la bonne foi du créancier gagiste, accompagnée de la possession, validaient le gage; c'est une application de notre article 2279. — La bonne foi cesse, et avec elle le privilége du bailleur, toutes les fois qu'il a été averti que le locataire n'était pas propriétaire des meubles. Elle cesse encore toutes les fois qu'il s'agit d'objets qui ne se trouvent qu'accidentellement chez le locataire, et à raison de sa profession, et que le bailleur n'a pas dû supposer lui appartenir. — Par exemple les montres chez l'horloger, les malles et effets chez le bailleur en garni, l'aubergiste, etc. En pareille circonstance, le bailleur peut faire déclarer la garantie insuffisante, invoquer l'application de l'art. 1752, demander que des sûretés réelles prennent la place de ces apparences de sûretés, et, à défaut, obtenir résiliation avec dommages-intérêts.

Dans tous les cas autres que ceux dont il vient d'être question, la bonne foi du bailleur est présumée. Il appartiendra à tout créancier du locataire de la contester, et, pour prouver la mauvaise foi du bailleur, pour faire rentrer le prétendu gage dans la masse commune, ou dans le patrimoine du véritable propriétaire, tous les moyens sont permis (2279).

Il peut arriver que la bonne foi cesse au cours du bail, et que le bailleur apprenne (par exemple par une notification que lui adresse le propriétaire des meubles) que ces meubles, qu'il croyait la propriété du locataire, appartiennent à un tiers. Qu'arrivera-t-il? Le privilége cesse-t-il avec la bonne foi du créancier, et le propriétaire des meubles peut-il, en payant les loyers échus, en payant même des dommages intérêts si le bail est résolu, pour le compte du locataire insolvable, reprendre ses meubles, ou bien est-il forcé de laisser le gage dans l'immeuble, pour garantir jusqu'à la fin le payement des termes? La première solution paraît plus juste, mais elle est malheureusement rejetée par la loi. Le bailleur était de bonne foi au commencement du bail, et c'est en vertu de cette bonne foi, accompagnée de la possession, qu'il a usucapé instantanément son droit de gage sur les meubles qui n'appartenaient pas au locataire. C'est donc d'une prescription acquisitive qu'il s'agit, et on est forcé de lui appliquer l'art. 2269, ainsi conçu : « Il suffit que la bonne foi ait existé au moment de l'acquisition. » Dès lors, le propriétaire des meubles devra les laisser en garantie, ou, s'il veut les reprendre, payer immédiatement, outre les loyers échus, tous les loyers à échoir jusqu'à la fin du bail. — Il est bien entendu qu'il pourra recourir contre le locataire. — La même question pourra se poser à la fin du bail. Il pourra arriver que les créanciers du locataire objectent qu'à une certaine époque, la bonne foi du bailleur a cessé et que tous les loyers échus ne sont pas garantis par le privilége; les mêmes raisons feront rejeter leur prétention.

2° *Possession.* — La deuxième condition du privilége, c'est la possession des meubles par le bailleur. Cette possession a lieu par le moyen de l'immeuble qui est son instrument de possession. Il n'est pas nécessaire que le bailleur soit propriétaire de l'immeuble; pas même qu'il en soit possesseur; il suffit qu'il ait, comme le locataire qui sous-loue, le droit exclusif de disposer de la jouissance, pour y recevoir et y conserver son gage. Il en résulte que si le bailleur se dessaisit de son droit sur l'immeuble, par la vente de cet immeuble ou du droit d'usufruit, s'il est propriétaire ou usufruitier, il perd du même coup, et la possession des meubles affectés à la garantie du bail, et son privilége même pour les sommes dont il était déjà créancier lorsqu'il s'est dépouillé de son droit.

On fait exception au principe que la possession de bonne foi du créancier suffit pour lui faire acquérir un droit de gage, lorsque les meubles garnissants, ou autres objets apportés par le locataire, sont des choses perdues ou volées. En pareil cas, alors même que le locataire les aurait achetés de bonne foi, et s'en croirait légitime propriétaire; malgré la possession et la bonne foi du bailleur, si l'on se trouve encore dans les trois ans du jour du vol ou de la perte, le privilége ne sera pas opposable au propriétaire. Il suffit qu'il revendique dans les trois ans; l'art. 2280 lui assure le droit de reprendre ses meubles entre les mains de celui qui les détient, sans que rien puisse paralyser son droit. — (Dans un cas particulier, l'art. 2280 met des conditions à cette revendication). — Le propriétaire ou ses héritiers peuvent seuls se prévaloir de l'art. 2279. S'ils ne se plaignent pas, ou s'ils laissent écouler plus de trois ans sans poursuites, le privilége est acquis au bailleur et soumis aux règles ordinaires.

Nous savons déjà que les meubles du sous-locataire sont affectés à garantir la dette du locataire à l'égard de son bailleur, mais seulement jusqu'à concurrence de ce que doit le sous-locataire; que les payements que fait celui-ci au locataire, pourvu qu'ils soient réguliers, sont opposables au bailleur, c'est-à-dire qu'ils diminuent d'autant ce qu'il peut demander au sous-locataire. On appelle réguliers les payements faits en exécution d'une clause du bail ou d'un usage local (art. 1753). Qu'arrivera-t-il si l'on suppose que le contrat de sous-location contienne, quant au payement, des clauses étranges, anormales; par exemple, si l'on a stipulé un prix insignifiant; si l'on est convenu que le payement de la sous-location devra avoir lieu une année à l'avance, de façon qu'il ne soit jamais rien dû par le sous-locataire lorsque le bailleur invoquera son privilége, ou toute clause anormale que l'on pourra imaginer. De telles stipulations sont-elles opposables au bailleur et le payement fait dans ces conditions vaut-il contre lui? L'art. 1753 semble consacrer l'affirmative, puisqu'il déclare réguliers les payements faits en exécution des clauses du bail. Cependant, il est incontestable que, lorsque le bailleur a autorisé son locataire à enlever ses meubles, il entendait acquérir en échange une garantie nouvelle, les meubles du sous-locataire; ces mêmes meubles sont là, dans la maison du bailleur, comment se peut-il qu'ils échappent à son privilége? — On pourrait alléguer que le bailleur a été partie dans le contrat de sous-location; qu'il y a puisé une action directe contre le sous-locataire, et que son acquiescement vaut acceptation des clauses qu'il renferme. — Il y a là au moins une exagération. Il n'est pas vrai, ni en fait, ni en droit, que le bailleur ait connu les clauses du contrat de sous-location; il n'est intervenu que pour autoriser le locataire à enlever ses meubles et recevoir ceux du sous-locataire; que pour permettre la substitution d'une garantie à une autre. C'est là tout ce qu'il a connu du contrat, et si l'on y ajoute les clauses ordinaires aux contrats de cette espèce, on aura tout l'objet de son acquiescement. Lui donner une portée plus grande, l'étendre aux clauses anormales, c'est une erreur et une injustice. Je crois donc, qu'en pareil cas, le bailleur pourrait contester la validité des payements faits par le sous-locataire, en dépit des termes de l'art. 1753; prouver que la clause qui les autorise résulte d'un concert frauduleux; enfin obtenir de se payer sur les meubles du sous-locataire.

Qu'arrivera-t-il en cas de sous-location gratuite? par exemple si le locataire bailleur se déclare payé d'avance par des services que lui a rendus autrefois son sous-locataire. A Rome le bailleur n'avait aucune action sur les meubles du sous-locataire parce que le sous-locataire ne devait rien au locataire, et que, si le locataire devait des loyers, ils ne pouvaient être garantis par les meubles du sous-locataire, parce qu'ils appartenaient à une personne autre que le débiteur. — Le droit français ne reconnaît pas dans notre hypothèse un cas de sous-location véritable. C'est un locataire qui a reçu chez lui un ami, un hôte, et qui l'héberge. La substitution des meubles, si elle a eu lieu, est faite à l'insu du bailleur, et les meubles apportés par le prétendu sous-locataire se trouvent dans la position de ceux dont il est question au § 4° *in fine* de l'art. 2102, qui sont frappés par le privilége grâce à la bonne foi du bailleur. Que si l'on adresse au bailleur une notification pour l'avertir et faire cesser sa bonne foi, il peut invoquer l'art. 1752 et demander la résiliation du bail avec dommages-intérêts. Il peut aussi n'en tenir aucun compte puisque nous savons que son privilége survit à sa bonne foi. (art. 2269.) Il n'y a donc pas, dans cette circonstance, à régler l'action directe du bailleur sur la dette du sous-locataire ; il n'y a qu'un seul bail, une seule dette, et une seule garantie.

III. *Revendication.*

La possession du gage étant la condition du privilége du bailleur, il est tout simple que la loi lui ait donné le moyen de conserver cette possession. Ce moyen c'est le droit de revendiquer, de saisir entre les mains des tiers quels qu'ils soient, les meubles déplacés sans son consentement, pourvu que la poursuite s'exerce dans les quinze jours qui suivent le déplacement. Cett reven dication à bref délai atténue les dangers créés pour le bailleur par le contrat de louage, qui laisse le gage du créancier entre les mains du débiteur, et l'expose aux détournements. Elle s'explique encore par l'idée d'un privilége sur une *universitas,* qui a été développée dans la 1re partie. Ce privilége ne porte pas sur des meubles individuels, déterminés, mais sur un ensemble d'objets, un mobilier. D'où il résulte que les objets qui viennent, même après le contrat de louage, grossir le mobilier, sont frappés du privilége quoique le bailleur n'ait jamais pu compter sur eux. De plus, que c'est au bailleur, gardien naturel de son gage, à veiller sur lui et à apprécier l'étendue de la garantie qui doit lui suffire, sauf le droit du locataire de faire réduire ses prétentions si elles sont exorbitantes. De sorte que, si le locataire vient à aliéner certains des objets frappés du privilége, toutes les fois que le bailleur aura consenti à la vente, ou que son silence pourra faire présumer son adhésion, les meubles seront affranchis. Le moyen de protester contre l'aliénation c'est précisément de revendiquer dans la quinzaine.

Le Code n'a pas créé cette revendication; elle existait déjà dans le droit coutumier depuis l'époque où les jurisconsultes transformèrent l'hypothèque romaine en un privilége fondé sur l'idée d'un gage, et subordonné à la condition de la possession. Elle n'y était pas, comme à Rome, une conséquence du droit de suite, car le droit de suite sur meubles était tombé en même temps que l'hypothèque, pour faire place à la maxime coutumière : les meubles n'ont point de suite par hypothèque. C'était plutôt une dérogation à cette maxime motivée par l'intérêt du bailleur à qui on avait volé son gage.

Le mot revendication n'a pas, dans notre matière, le sens qu'on lui attache d'ordinaire. Il ne s'applique pas à la propriété, il désigne seulement la poursuite, par un créancier gagiste, du gage qu'il possédait et dont la possession lui a été volée (art. 2279). — Cette idée d'un vol de la possession, donnée comme fondement à la revendication de l'art. 2102, a été contestée. On a prétendu qu'il y avait tout au plus, dans l'espèce, un abus de confiance, auquel certainement l'art. 2279 n'était pas applicable. Qu'il ne pouvait y avoir vol, parce que dans notre droit, le mot vol n'a pas, comme à Rome, un sens vague et générique ; mais qu'il désigne un fait précis et spécial, la soustraction frauduleuse ; enfin qu'il était impossible que le locataire pût voler des meubles qui lui appartiennent et qui sont entre ses mains. — On oublie qu'il ne s'agit pas de la propriété mais seulement de la possession ; que le bailleur possède, par le moyen de la maison qui enferme les meubles, et que cette possession lui a été ravie. Tous les auteurs ne reconnaissent-ils pas que le gage, livré à un créancier, peut être l'objet d'un vol ? On ne lui vole cependant que la possession et, pendant trois ans il a le droit de poursuivre son gage et de le saisir entre les mains du détenteur quel qu'il soit. — C'était d'ailleurs la doctrine de l'ancien droit qui voyait, dans ce déplacement clandestin, un vol de gage. (Ferrière 2 glose sur 171 C. de Paris.)

Mais si la position juridique du bailleur est la même que celle du créancier gagiste, pourquoi ne peut-il pas, comme lui, revendiquer pendant trois ans ? A cela plusieurs raisons. Le droit du créancier gagiste s'applique à un corps certain ; celui du bailleur, à une *universitas*, à une collection d'objets. De là il suit : 1° Que le gage à dû être constitué par écrit, et que l'acte qui le constate doit contenir la désignation précise et non équivoque de l'objet engagé, de sorte que, s'il vient à être volé, il sera reconnaissable entre les mains des tiers, même au bout de trois ans ; le preuve de l'identité se trouvera dans le contrat de gage. — Au contraire le gage du bailleur est un gage tacite ; il n'y a pas d'écrit qui contienne une désignation d'objets, de façon que, au cas de déplacement de meubles, la preuve de l'identité, déjà difficile dans la Quinzaine, serait impossible au delà ; — 2° le privilége du bailleur n'enlève pas au locataire tout droit de disposition sur ses meubles, parce que d'ordinaire leur valeur dépasse de beaucoup la garantie que le bailleur a le droit d'exiger. Il peut donc faire certaines aliénations ; le bailleur pourrait bien s'en plaindre, mais il ne le fera pas dans bien des cas s'il reconnaît que la garantie qui lui reste est suffisante, et que, s'il recourait aux tribunaux, ils valideraient la vente. Son silence vaut donc acquiescement à la vente et renonciation à un excédant de garantie. On lui donne quinze jours pour s'apercevoir de l'atteinte portée à son droit et pour réfléchir sur ce qu'il doit faire ; c'est bien assez pour protester ou consentir. Lui donner trois ans serait lui permettre de se raviser et de révoquer, au préjudice des tiers, un consentement déjà donné.

Le délai de quinzaine court invariablement du jour du déplacement des meubles sans distinguer si le bailleur en a eu ou non coonnaissance. Quelques auteurs voudraient que, dans le cas où le locataire a employé des moyens frauduleux pour cacher ce déplacement, le point de départ du délai fût le moment où le bailleur a connaissance de la fraude. — Mais il est probable que ces moyens seront employés dans tous les cas où la garantie qui restera au bailleur sera insuffisante, c'est-à-dire toutes les fois que la revendication aura quelque utilité ; le locataire commettant un vol, il est naturel qu'il le cache ; et le délai de quinzaine se trouvera ainsi prolongé dans tous les cas. Au surplus le vol est déjà un acte frauduleux et il sera fort difficile détablir des degrés dans la fraude. C'est au bailleur de surveiller et ici sa surveillance est en défaut ; est-il bien sûr qu'il n'ait pas été négligent ? Enfin la *rei vindicatio pignoris* est une grave dérogation au principe de droit commun que le possesseur d'un meuble en est présumé propriétaire. Il y va du crédit public car les tiers, acheteurs de meubles, n'ont pas pu savoir si le bailleur ignorait ou non la vente. Ils savent seulement qu'au bout de quinze jours ces meubles sont affranchis du privilége ; il ne faut pas que la prétendue ignorance du bailleur frappe leur droit de précarité.

Si la dépossession entraîne la perte du privilége, la vente des meubles le laisse subsister, pourvu que le bailleur conserve la possession. Lorsque l'acheteur voudra s'en emparer, le bailleur lui opposera son droit de rétention, jusqu'au moment où la dette du locataire aura été acquittée tout entière. Nous verrons même, en matière de faillite, que la vente des meubles, à la suite d'une saisie, même accompagnée de la dépossession du créancier, laisse subsister le privilége; son objet seulement est changé; il s'applique, non plus aux meubles, mais au prix leur équivalent.

La revendication du bailleur, n'étant que l'application de l'art. 2279, est efficace, non-seulement contre le tiers qui a acquis du locataire, et qui est peut-être le complice de sa fraude, mais contre tout détenteur ou acheteur même de bonne foi. C'est la doctrine déjà admise dans l'ancien droit (Dumoulin sur 125 C. Bourbonnais. — Pothier, 216, *louage*).

Le fondement que nous avons donné à la revendication, l'idée de poursuite du gage volé, nous permettra de résoudre facilement une question qui, dans une autre théorie, serait une difficulté sérieuse; je veux parler du conflit de deux bailleurs. Supposons qu'un locataire, installé dans une maison, et désirant par exemple changer son mobilier qui lui déplaît, ou bien prêter des meubles à un ami, profite de l'absence du bailleur pour transporter une partie de son mobilier soit dans une chambre qu'il loue pour lui servir de magasin, soit chez son ami qui est locataire dans une autre maison. Mais voilà qu'avant l'expiration de la quinzaine, le bailleur s'aperçoit du déplacement et revendique les meubles déplacés. Le détenteur, qu'il veut évincer, répond qu'il est lui aussi bailleur de bonne foi ; que les meubles qu'il réclame sont grevés de son privilége, et il lui oppose son droit de rétention. Qui l'emportera des deux ? Il serait difficile de le décider, car leurs droits sont identiques : chacun d'eux a un privilége de même nature, grevant les mêmes objets ; chacun d'eux possède, sinon en fait, du moins en droit ; car, pendant tout cet intervalle de quinzaine, le bailleur dépouillé, pourvu qu'il intente la revendication, est censé n'avoir jamais perdu la possession ; il n'y a entre eux qu'une différence de date, et l'on sait qu'entre deux priviléges de l'espèce dont il s'agit, la date est indifférente. — Avec la théorie du vol de la possession tout devient facile ; c'est un créancier gagiste dépouillé qui revendique, et l'art. 2279 lui permet d'évincer tout détenteur sans distinction, fût-il même un bailleur de bonne foi.

IV. *Etendue de la garantie.*

La question était diversement réglée par les coutumes. A Paris on distinguait le bail authentique du bail sous signature privée ; dans le premier cas, on appliquait le privilége à tous les loyers échus et à écheoir, et dans le deuxième seulement à trois termes échus et au terme courant. On ne distinguait pas à Orléans, et, dans tous les cas, le privilége s'étendait à toute la durée du bail. (Pothier, 253-254).

Le privilége du bailleur, tel que l'a organisé le Code, ne comprend pas seulement le prix stipulé, mais, comme l'a dit l'art. 2102, tout ce qui concerne l'exécution du bail, c'est-à-dire qu'il s'applique aux dommages, aux indemnités de toute nature, dus par le locataire à l'occasion du bail.

Combien de termes comprendra le privilége dans le passé et dans l'avenir ?

Pour le passé, nous trouvons une première limitation dans l'art. 2277, relatif à la prescription. Lorsque plus de cinq ans se sont écoulés depuis l'échéance des loyers, la loi, pour punir le bailleur de sa négligence, et aussi pour empêcher que les accumulations de loyers atteignent des chiffres trop élevés, au préjudice des locataires, la loi affranchit le débiteur. Ainsi le bailleur ne peut en aucun cas réclamer les termes échus depuis plus de cinq ans ; la loi en a donné quittance au locataire. Il en serait autrement si une demande en paiement, actuellement pendante, avait été intentée dans les cinq ans par le bailleur ; ou s'il avait obtenu contre le locataire un jugement de condamnation ; ou bien encore si, avant l'expiration du délai, les parties avaient liquidé la dette et si le locataire s'était reconnu débiteur de la somme arrêtée. La novation qui s'est opérée dans ces diverses hypothèses, a changé la cause de la dette, et la prescription serait désormais, non plus de cinq ans, mais de trente ans à partir de la novation (2262). Quant à l'arriéré non prescrit, et aux termes à échoir jusqu'à la fin du bail, une distinction importante doit être établie.

Le bail a-t-il date certaine antérieure à l'événement, faillite, saisie ou autre, qui provoque le concours des créanciers du locataire? Le privilége comprendra, dans le passé, tous les loyers échus, non payés ni prescrits, depuis la date du bail; l'année courante, et tous les loyers à échoir jusqu'à la fin du bail.

Le bail n'a-t-il pas date certaine? Le privilége du bailleur ne comprend « qu'une année à partir de l'année courante. » Que signifient ces paroles de l'article 2102? On en donne plusieurs interprétations, qui ont chacune leurs partisans. Il est bien entendu que, dans cette controverse, il n'est question que du privilége et nullement de la dette, et que, si les commentateurs se divisent lorsqu'il s'agit d'admettre le privilége, tous sont d'accord pour reconnaître la dette. La question est celle-ci, sera-t-elle chirographaire ou privilégiée?

Sur ce point trois solutions possibles, dès lors trois opinions :

Première opinion. — Le privilége ne comprend que l'année qui suit l'année courante; celle-ci même n'est pas privilégiée. Cette opinion est l'application strictement littérale du texte; elle s'appuie sur ce principe très-juridique, que tout est de droit étroit dans les priviléges, et qu'on ne saurait en étendre l'application sans violer la loi.

Deuxième opinion. — Une autre opinion, qui me paraît plus juridique, applique le privilége à l'année courante et à l'année qui la suit. Elle répond aux objections de la première opinion que les restrictions de l'art. 2102 n'ont d'autre but que de prévenir la fraude, que d'empêcher les antidates si faciles et si fréquentes lorsque le bail n'a pas date certaine ; mais que, ni l'antidate, ni la fraude, ne sont possibles lorsqu'il s'agit d'une année courante.

Troisième opinion. — Une troisième opinion, celle de la jurisprudence, décide que l'on comprendra dans le privilége tous les termes échus et non prescrits, l'année courante et une année à venir. On soutient que la loi n'a statué que pour l'avenir ; que pour le passé et le présent la règle est la même, qu'il y ait ou non date certaine. — La première opinion ne compte plus guère de partisans. Tout le débat s'agite entre la seconde et la troisième, l'une soutenue par la majorité des auteurs, l'autre adoptée par la jurisprudence (Cass., 6 mai 1835. — Sir., 36, 1, 433. — Metz, 6 janv. 1859. — Sir., 59, 2, 129). Nous devons dire quelques mots des principales raisons alléguées de part et d'autre.

La troisième opinion oppose à la deuxième :

1° Que le législateur n'a statué que sur les termes à venir, qu'il ne s'est pas occupé des termes échus, et que dès lors ils sont privilégiés. — Du reste la deuxième opinion sait si bien que les termes de l'art. 2102 ne sont pas strictement limitatifs, qu'elle étend le privilége à l'année courante, dont cependant la loi ne dit rien. — Réponse : Le vice du raisonnement qui vient d'être développpé consiste en ce que l'on considère le privilége comme existant de plein droit dans le silence de la loi. On dit : la loi n'a statué que pour l'avenir ; elle n'a rien dit du passé, donc le passé est privilégié. Or, c'est la conclusion contraire qui seule est juridique ; car, pour qu'un privilége existe, il ne suffit pas que la loi garde le silence, il faut qu'elle l'établisse formellement, et, dans notre hypothèse, il n'en a été établi que pour une année à venir. Sans doute, nous y joignons l'année courante, mais c'est par un *a fortiori* incontestable et aujourd'hui incontesté ; parce que, pour cette période, la fraude est impossible.

2° La raison qu'invoque la deuxième opinion, lorsqu'elle restreint le privilége, c'est que dans la troisième opinion, il serait trop difficile de déjouer la fraude. Cette raison n'est pas déterminante et la loi ne l'admet pas, car elle conduirait à rejeter le privilége dans certains cas où il est cependant admis par la loi. Par exemple, lorsque le bail a date certaine, le privilége comprend incontestablement tout ce qui est échu, et cependant la date certaine, l'authenticité du bail, n'empêchent en aucune façon la suppression des quittances. Il y a, du reste, d'autres moyens que la restriction du privilége, de déjouer la fraude. Le locataire a-t-il antidaté son bail ? Il sera facile de prouver par témoins le commencement de l'occupation. Craint-on une exagération de loyers? La difficulté sera résolue par une expertise. — Réponse : Les modes de preuves dont il est question ne peuvent pas remplacer l'acte qui a date certaine ; ils ont l'inconvénient d'être toujours incertains, et, ce qui est plus grave, de prouver autre chose que ce qui est en question. Il est fort possible que le commencement de l'occupation ne soit pas le commencement du bail ; l'expertise donnera bien la valeur locative de l'immeuble loué, mais elle ne peut, en aucune façon, donner le prix convenu qui seul fait l'objet du litige.

3° Si l'on adopte la deuxième opinion, le bailleur va se trouver dans la nécessité d'exiger le payement du terme le jour même de l'échéance ; le lendemain, il serait trop tard ; le privilége serait perdu. De là, entre bailleur et locataire, des tiraillements, des exigences, peu faits pour maintenir entre eux de bons rapports. — Réponse : Voilà, je crois, la raison qui a déterminé la jurisprudence ; c'est une raison d'utilité, excellente en législation, mais qui ne peut avoir aucune valeur en droit. Sans doute, une solution moins restrictive serait préférable, mais qu'y faire, si la loi a ainsi décidé? Autrefois, la jurisprudence du Châtelet se prêtait davantage aux exigences de la situation, lorsqu'elle accordait privilége pour trois termes échus et le terme courant, de sorte que le bailleur n'était pas forcé de harceler son locataire. Aujourd'hui, il en a été décidé autrement ; on peut critiquer la loi, mais non la changer ; d'autant plus que le législateur a peut-être voulu forcer les parties à donner, dans tous les cas, date certaine aux baux qu'elles passent.

4° Enfin la troisième opinion invoque l'art. 819 du C. de proc., qui donne privilége « pour loyers et fermages échus, » et, par conséquent, lui donne gain de cause. — Réponse : On lui répond que le Code de procédure n'est qu'une règle de pratique et qu'il faut bien se garder, sous peine d'erreur, d'aller y chercher la solution des questions de principe. Le même article 819 nous en donnera la preuve. Si l'on s'avise de tirer une solution des termes qu'il emploie « pour loyers échus, » on se verra forcé de refuser le privilége pour l'année courante et l'année qui la suit, les seules auxquelles certainement la loi l'applique, par la raison qu'elles ne sont pas échues.

La deuxième opinion peut invoquer en outre les travaux préparatoires (Fenet. t. XV. p. 352). Treilhard parle au conseil d'État «d'une année privilégiée». — La section craindrait la collusion et la fraude « si l'on étudiait le privilége au-delà d'une année.» —Défernon, critiquant l'article, disait que la disposition « était désavantageuse pour le propriétaire parce qu'elle l'exposait à perdre les loyers arriérés. » Arrêtons-nous donc à cette deuxième opinion, qui seule est juridique.

Le privilége du bailleur comprend-il les avances par lui faites au locataire ? Distinguons : 1° L'avance a-t-elle été faite en exécution d'une clause du bail ? Cette clause constitue une convention additionnelle, accessoire au contrat principal, et la créance qu'elle donne au bailleur se trouve comprise dans le privilége par application de ces mots de l'art. 2102 : « Tout ce qui concerne l'exécution du bail. » — Si au contraire les avances ont été faites sans être prévues dans le bail, on ne peut plus dire qu'elles sont faites en exécution du contrat, et il ne paraît pas juridique de leur appliquer le privilége. D'abord ces avances, alors même qu'elles ont pour objet l'exploitation et l'amélioration de la chose louée, ne profitent qu'au bailleur, dont l'immeuble acquiert une plus value, et jamais aux créanciers du locataire ; aussi ne peut-on pas dire que le bailleur les prime parce qu'il leur est utile. On ne peut pas d'avantage alléguer que telle était l'intention des parties, car l'intention ne suffit pas pour créer un privilége, qui est une atteinte grave aux droits des autres créanciers.

Lorsqu'il s'agit de l'opposer à l'administration des contributions indirectes, le privilége du bailleur se réduit à six mois de loyer. (Décret du 1er germinal an XIII art. 47 — Cass. 26 janv. 1852 — Sir. 52. 1. 122.)

Il est au contraire pleinement opposable, pour toute sa durée, à la régie de l'enregistrement au cas où, le locataire venant à mourir, la régie voudrait, pour le montant des droits de mutation, primer le bailleur sur les meubles du locataire. Les arrêts de cassation, des 23 et 24 juin 1857, qui ont définitivement fixé la jurisprudence, reconnaissent que la régie n'a aucun droit de préférence sur les meubles ou immeubles d'une succession.

SECTION II. — DU PRIVILÉGE EN CAS DE FAILLITE DU LOCATAIRE.

Parmi les événements qui provoquent un concours de créanciers, et donnent au bailleur l'occasion d'utiliser son privilége, un des plus fréquents, et qui met en jeu le plus d'intérêts, c'est sans contredit la faillite du locataire. Aussi, bien que ses rapports avec le privilége du bailleur ne soient pas l'objet d'une législation spéciale, nous en occuperons-nous plus particulièrement.

L'effet de la faillite c'est d'enlever ses garanties au bailleur, soit parce qu'elle dessaisit le failli, soit parce qu'elle provoque la vente du mobilier qui garnissait l'immeuble. — Il ne paraît pas qu'on l'ait considérée comme un événement de force majeure; aux yeux de la jurisprudence, interprète de la loi, la faillite résulte toujours de la faute du locataire qui se trouve ainsi avoir diminué par son fait les garanties qu'il avait données à son créancier. (art. 1188 C. N.) — La vente suivie de l'enlèvement des meubles, bien qu'elle dépouille le bailleur de sa possession, ne lui fait pas perdre son privilége par la raison toute simple que la vente est forcée, et que ni son droit de rétention, ni son droit de revendication, ne lui permettent dans cette circonstance de s'opposer à l'enlèvement des meubles. Privé de garanties pour l'avenir le bailleur pourra-t-il invoquer l'art. 1752 et demander la résiliation?

I. *Résolution.*

Prenons d'abord une hypothèse dans laquelle le bailleur ait intérêt à la résolution immédiate, les créanciers du locataire, à la continuation du bail. Il suffit de supposer que le bailleur trouve à louer dans des conditions plus avantageuses ; que les créanciers veulent continuer l'industrie du failli, que la maison est connue et qu'ils auraient tout à perdre au déplacement. Le bailleur demandera la résolution immédiate ; les créanciers s'y opposeront ; examinons jusqu'à quel point ces prétentions opposées sont admissibles.

Si le bail a date certaine antérieure au jugement déclaratif de faillite, le privilége du bailleur comprend tous les termes échus et à échoir ; mais le paiement des termes à échoir suppose que le bail n'est pas résolu. Le bailleur ne pourrait-il pas, en renonçant à tous les termes à échoir, demander l'application des principes de droit commun des art. 1184 et 1741, et obtenir la résolution pure et simple ? — Il ne le peut pas ou, du moins, les locataires ont le moyen de s'y opposer, mais ajoutons qu'il leur en coûtera d'invoquer leur droit, et qu'à moins d'avoir un intérêt considérable à la continuation du bail, ils accepteront le plus souvent la résolution qu'on leur demande. Ce moyen c'est le paiement immédiat de tous les loyers à échoir jusqu'à concurrence du prix des meubles frappés par le privilége.

Cette dérogation au principe de l'art. 1184 est plus apparente que réelle et s'explique facilement. Ce n'est pas la faillite qui rompt le bail ; elle n'a sur lui aucune influence, et nulle part la loi n'a dit que la faillite fût une cause de résolution des baux. Ce qui motiverait cette résolution, c'est l'enlèvement des meubles malgré le créancier, et par conséquent la diminution des sûretés que le débiteur a promises. Mais si le créancier est payé d'avance, si l'on emploie précisément le prix de son gage à le désintéresser, on conçoit qu'il n'ait plus besoin de garanties et qu'il ne soit plus recevable à invoquer la résolution.

Si le prix des meubles est insuffisant pour acquitter tous les loyers jusqu'à l'expiration du bail, la résiliation sera prononcée pour toutes les annuités qui n'ont pas été payées d'avance. Telle est la loi ou du moins l'interprétation que donne de la loi la jurisprudence (Arrêt. Cass. 28 mars 1865, — Sir. 65. 1. 202).

Supposons l'hypothèse inverse: le cas où le bail n'est avantageux qu'au bailleur; où les créanciers voudraient, s'il était possible, obtenir résolution immédiate. Le pourront-ils? On trouve dans plusieurs arrêts une sorte de formule qui paraît résoudre, fort avantageusement pour les créanciers, la question que nous venons de poser. Ils disent : « que les créanciers doivent payer immédiatement tous les loyers à échoir faute de quoi la résolution sera immédiate. » Il semblerait que les créanciers n'ont qu'à refuser de payer et que la résolution en sera la conséquence. Mais ce serait là une

une grave erreur. Les créanciers ne peuvent pas refuser de payer, puisque le bailleur a un privilége même pour les loyers à échoir, et que le refus des créanciers ne pourrait en aucune façon l'empêcher d'exercer son droit, et de se payer sur les meubles. La formule de la jurisprudence veut dire seulement que si le prix des meubles ne suffit pas à acquitter tous les loyers échus et à échoir, la résolution sera prononcée pour toute la période dont le paiement n'a pu être fait à l'avance, à moins que les créanciers ne veuillent faire ce paiement de leurs deniers.

Le payement immédiat des loyers à échoir peut être remplacé par la consignation immédiate des mêmes loyers. Pour le locataire, la consignation a cet avantage qu'elle donne le moyen de ne payer les loyers qu'à mesure des échéances, de sorte qu'elle ne fait pas bénéficier le bailleur, comme le payement immédiat, de l'intérêt du prix de tous les loyers à échoir, depuis la faillite jusqu'à l'époque de leur exigibilité. Cela a une importance considérable de nos jours où il est d'usage, pour l'établissement de vastes entreprises industrielles ou commerciales, de passer des baux de très-longue durée, et où l'intérêt des loyers à échoir peut faire une grosse somme.

Puisque la faillite, par elle-même, ne porte aucune atteinte au bail ; que tout son effet est indirect et provient seulement de la diminution des garanties données ou promises, ne pourrait-on pas trouver des moyens, autres que le payement immédiat de tous les loyers, de rendre au bailleur, sous une autre forme, les garanties qu'on lui enlève, et de maintenir ainsi le bail?

Supposons que l'adjudicataire du droit au bail soit en même temps l'adjudicataire du mobilier, de telle sorte que les mêmes meubles continuent à garnir la maison, que les mêmes garanties soient offertes; enfin, qu'il n'y ait dans l'espèce qu'une substitution de locataire, sans que rien autre soit changé dans la situation. — Supposons encore que les créanciers, profitant du droit de relocation que leur donne l'art. 2102, louent à la fois l'immeuble et le mobilier à un tiers qui exerce la même industrie que le failli. Certainement, il n'est porté aucune atteinte au gage du bailleur, puisque la maison reste garnie comme auparavant; on peut même dire que les garanties sont augmentées, car au lieu d'une seule personne débitrice du loyer, il y en a deux désormais, le nouveau locataire et les créanciers.

Il semble donc, puisque dans ces hypothèses il n'est porté aucune atteinte à la garantie, que le bailleur ne peut se prévaloir de la faillite et réclamer le payement immédiat de tous les loyers à échoir; qu'il suffira aux créanciers, pour empêcher la résolution, de payer les loyers aux échéances. C'est la solution qu'a adoptée la Cour de Paris dans ses arrêts du 12 déc. 1861 et du 26 juin 1863. Mais la Cour de Cassation n'a rien voulu entendre; elle a cassé les décisions de la Cour par arrêt du 28 mars 1865; répondant aux objections de la Cour de Paris, par cette raison aussi inattendue que peu concluante, que le bail a été contracté *intuitu personæ*.

Or, cette assertion est une erreur, car elle serait la négation du droit de sous-louer et de céder son bail, formellement reconnu par l'art. 1717. — Mais admettons, pour un instant, l'*intuitus personæ*, et supposons qu'un concordat intervienne entre les créanciers du locataire failli. Voilà le locataire remis à la tête de ses affaires, continuant d'exercer son industrie dans les mêmes lieux, sans que rien soit changé, soit dans ses instruments, soit dans son mobilier, qui sont la garantie du bail. Il n'y a plus moyen d'alléguer l'*intuitus personæ*, et cependant la Cour de Cassation maintient sa solution sous ce bizarre prétexte que le locataire a subi une sorte de *capitis diminutio;* qu'il est bien la même personne, mais qu'il a été frappé d'un amoindrissement juridique.

Quelques auteurs se sont demandé s'il ne serait pas possible aux créanciers, en offrant au bailleur caution d'acquitter les loyers à leur échéance, d'empêcher la résiliation du bail sans payer *hic et nunc* tous les loyers à échoir. Leur prétention paraît d'autant plus admissible qu'il leur est permis de consigner ce montant des loyers à échoir pour ne le délivrer au bailleur qu'à mesure des échéances. Or, entre une somme consignée et la même somme garantie par une caution, si la caution est bonne et solvable, il y a peu de différence. — D'un autre côté, la Cour de Cassation s'est refusée à admettre que l'offre d'une hypothèque par les créanciers, pour garantir les loyers à échoir, puisse dispenser du payement immédiat. L'hypothèque n'est qu'une caution réelle; d'où il suit que, devant la jurisprudence, la demande des créanciers serait au moins fort compromise.

Tel est le privilége du bailleur; le privilége exorbitant que la Cour de Cassation a cru trouver écrit dans la loi. Outre qu'il est en désaccord avec les principes du droit, comme nous le verrons tantôt, il cause à la masse des créanciers un préjudice considérable, sans que cela profite à personne, sans que le bailleur, en faveur de qui on a organisé tout ce système de précautions, en retire un avantage quelque peu sérieux. Comme tous les créanciers dont le droit est garanti par une sûreté réelle, le bailleur se paiera par préférence sur les meubles de tout ce qui lui est actuellement dû. Pour l'avenir, sans doute les créanciers peuvent payer dès à présent tous les loyers à échoir, mais d'ordinaire ils préféreront la consignation, parce qu'elle les fera profiter de l'intérêt à 3 pour cent que le décret de 1851 assure aux déposants volontaires (Décret du 1-24 mai 1851, art. 1). La consignation aura cet effet, pour le bailleur, qu'elle lui assurera le payement des termes à mesure des échéances, exactement comme l'aurait fait une caution, comme toute autre des sûretés dont nous parlions tantôt, et que la Cour de Cassation rejette. Mais pour les créanciers, la consignation de tous les loyers à échoir sera presque toujours leur ruine. Les baux de très-longue durée sont fort en usage, et lorsqu'il s'agira de consigner quinze ou vingt années de loyers à échoir, le plus souvent tout l'actif de la faillite sera absorbé.

Dès lors, il n'y a plus moyen de continuer l'industrie du failli ; le concordat est impossible, puisque le failli ne peut plus rien promettre. Rien de plus facile si l'on n'eût pas exigé la consignation ; le bailleur n'y perdait rien, et le failli pouvait reprendre ses affaires, se relever et payer tous ses créanciers. Mais la Cour de Cassation s'y oppose ; elle exige la consignation immédiate et, par ce moyen, elle ruine à jamais le failli et ses créanciers, et cela sans profit pour celui dont l'intérêt a dicté ces dispositions, pour le bailleur, objet de sa sollicitude.

Il a fallu sans doute des raisons de droit bien impérieuses pour faire admettre une aussi funeste décision. Examinons-les.

Tout le raisonnement de la Cour de Cassation peut se résumer en quelques mots : L'art. 2102 n'est que la conséquence, « le corollaire, » comme dit l'arrêt de 1865, des art. 444 du C. de commerce et 1188 du C. Nap. ; le premier décidant que la faillite du débiteur entraîne déchéance du terme ; le second, que la même déchéance se produit lorsque le débiteur diminue les sûretés qu'il avait données à son créancier. Nous avons déjà réfuté, à peu près sur tous les points, cette argumentation : nous n'ajouterons que quelques mots. L'art. 444 du Code de commerce est une mesure d'ordre destinée à donner à tous les créanciers qui figurent dans la masse, une position claire et précise, c'est-à-dire une créance dont la valeur actuelle soit déterminée, afin de faciliter la liquidation, le vote du concordat et la répartition des dividendes. Il en résulte que cet article ne peut être invoqué que par ceux qu'atteint la faillite, par ceux qui votent au concordat, par la masse chirographaire ; mais nullement par les créanciers privilégiés et hypothécaires pour lesquels le débiteur n'a jamais été en faillite, puisque, grâce à leur caution réelle, le payement de leur créance n'a jamais été compromis. Le bailleur ne peut se prévaloir d'un effet de la faillite, invoquer la déchéance du terme, sans renoncer à son privilége, qui l'empêchait d'être compris dans la masse. — L'art. 444 n'a donc rien à faire dans notre question.

Quant à l'art. 1188, C. N., nous savons déjà qu'il est fort contestable que la faillite entraîne fatalement une diminution de garanties, et que, dans certains cas, les garanties nouvelles peuvent être préférables à la garantie primitive. Qu'est-ce donc que l'on conteste ? On conteste au locataire le droit d'éviter la résiliation en offrant des garanties nouvelles ; on lui refuse le bénéfice de l'art. 2131, sous prétexte que cet article ne peut être invoqué que dans le cas où les garanties ont été détruites par force majeure ; comme si le locataire avait pu éviter la faillite, dont il souffre plus que tout autre, et s'il y avait là une faute dont il dût être puni.

Enfin, ce qui détruit dans ses fondements l'argumentation de la Cour de Cassation et rend impossible l'application des art. 444, Co. et 1188, C. N., c'est qu'il n'y a pas ici de dette à terme, mais une dette conditionnelle. Nous avons examiné avec détails cette question, lorsqu'il s'est agi de déterminer le caractère des obligations qui naissent du contrat de louage; quelques mots suffiront ici.

L'argument préféré de la jurisprudence c'est « que l'engagement du locataire peut être successif, quant à son exécution, mais qu'il est immédiat quant à son existence, et rentre par conséquent dans la catégorie des créances à terme. » On ne s'aperçoit pas que dans toute obligation, soumise à une condition suspensive, il y a nécessairement un lien de droit formé dès le début (sans cela, d'où naîtrait-il?), ce qui n'empêche pas que l'obligation soit véritablement conditionnelle. Cela prouve seulement que toute condition suspensive contient une condition résolutoire, puisque le même événement, qui résout le lien de droit déjà formé, empêche de naître l'obligation. — Si le bail vient à cesser, la condition des créances à venir est défaillie, et ces créances sont censées n'avoir jamais eu d'existence. C'est là la solution seule juridique, et nous allons voir qu'en certaines circonstances la Cour de Cassation est bien forcée de l'appliquer.

Supposons que le bailleur, profitant du droit que lui donne l'art. 2102, obtienne le payement immédiat de tous les loyers à échoir, et que, peu de temps après, l'immeuble soit entièrement détruit par un événement de force majeure. On est bien forcé d'admettre qu'il devra restituer le prix de tous les loyers à échoir, car, pour l'avenir, il lui est impossible de fournir un équivalent de jouissance, et le prix est désormais payé sans cause. En serait-il de même s'il s'agissait d'une obligation à terme?

Une comparaison, faite par les commentateurs et défenseurs de l'arrêt de 1865 (V. Sircy, notes sur cet arrêt), éclaire leur pensée et montre leur erreur. Pour eux, le bailleur est dans la position d'un vendeur d'immeuble qui a stipulé que le payement se ferait par termes successifs. — Tout est faux dans cette comparaison : le locataire n'a pas acquis de droit réel, comme l'acheteur de l'immeuble; et si l'on se place dans le cas que nous supposions tout à l'heure, le cas de la destruction de l'immeuble, tandis que l'acheteur restera tenu des payements encore à faire, le locataire sera affranchi.

Il fallait bien, du reste, que les défenseurs mêmes de la jurisprudence arrivassent à reconnaître le caractère conditionnel de l'obligation. Ils ont commencé par avouer que les créances que le bail engendre ne sont soumises « qu'à la condition résolutoire de l'art. 1184, » ce qui suffit déjà pour condamner l'arrêt de Cassation. Et ils ajoutent que « par essence le bail renferme une véritable condition, qui met en jeu l'existence même de l'obligation, mais qu'il la renferme *sous la forme d'un terme*, ce qui fait que rien n'est changé au principe. » L'aveu est formel, mais la conclusion est plaisante; comme si une condition pouvait avoir la forme d'un terme, et, cela fût-il possible, comme si l'application d'un principe dépendait plutôt de l'apparence que de la réalité.

Résumons le débat. L'art. 444, Com., n'est pas applicable, parce que le bailleur ne peut pas, sous peine de renoncer à son privilége, invoquer les effets de la faillite. — L'art. 1188 ne l'est pas davantage, parce que, dans l'espèce, il n'y a pas diminution de garanties. On pourrait dire tout au plus que le droit de substituer une garantie nouvelle à une garantie détruite, afin d'empêcher la résolution, ne peut être invoqué que dans le cas où la garantie primitive a été détruite par force majeure (art. 2131); tandis qu'ici la loi la suppose détruite par le fait du locataire (1188). — Quoi qu'il en soit de cette interprétation fort contestable de l'intention du législateur, il est une autre raison qui empêche que ni l'art. 444, ni l'art. 1188 puissent être invoqués; c'est qu'il n'y a pas de créances à terme, mais seulement des créances conditionnelles.

II. — *Relocation.*

Lorsque les créanciers du locataire failli ont payé d'avance, ou consigné le prix des loyers échus ou à échoir, l'art. 2102 leur accorde, à titre de compensation, le droit de louer l'immeuble et de faire leur profit des loyers qui leur seront payés. Ce droit de relocation n'est pas le même que la sous-location de l'art. 1717. Les créanciers, exerçant les droits de leur débiteur, il est incontestable que le droit de sous-louer doit leur être reconnu toutes les fois que le bail n'est pas résilié; de son côté, le droit de relocation n'existe qu'à la condition du payement anticipé des termes à échoir. Or, il se trouve que ce payement des loyers à échoir est précisément la condition de la continuation du bail. D'où l'on pourrait être tenté de conclure que le droit de relocation de l'art. 2102 n'ajoute rien à la sous-location de l'art. 1717, et que, dès lors, il n'a pas de raison d'être. On commettrait une grave erreur. Il arrive quelquefois que le bailleur stipule la défense de sous-louer, et, comme cette clause est de rigueur, les créanciers, qui n'ont que les droits de leur débiteur, seraient forcés de laisser le locataire sur l'immeuble. C'est là l'utilité du droit de relocation de l'art. 2102, que la défense de sous-louer ne peut l'atteindre. Les créanciers tiennent leur droit de la loi, non du bail; c'est comme une compensation du payement anticipé des loyers à échoir, indépendante de toute stipulation contraire.

Le droit de relocation doit être admis toutes les fois qu'il y a payement anticipé de loyers, puisqu'il n'en est que l'équivalent. Dès lors, nous l'accorderons aux créanciers, alors même que le prix des meubles n'aura pu payer qu'une partie des loyers à échoir, et que le bail se trouvera résolu pour le surplus. Le droit de relocation comprendra alors toute la période qui correspond aux payements anticipés. — Mais il ne peut s'étendre au delà, comme l'ont prétendu MM. Aubry et Rau qui s'appuient sur les mots de l'art. 2102, « pour tout le restant du bail, » et en concluent que le bail passé par les créanciers continuera même pendant les annuités non payées d'avance. — La raison en est bien simple. Ces auteurs oublient que, lorsqu'il n'est payé d'avance qu'une partie des loyers à échoir, le bail est résilié pour le surplus ; que les mots « pour le restant du bail » ne peuvent s'appliquer à une période où le bail a cessé d'être ; que la restriction du droit de relouer aux annuités payées d'avance, n'est que l'application de la formule même de l'art. 2102.

Lorsque le bail n'a pas date certaine antérieure à la faillite, il n'est payé d'avance que la fin de l'année courante et une seule année à échoir. Il faut encore reconnaître aux créanciers le droit de relocation pendant cette période, puisqu'ils sont dans les conditions où ce droit s'exerce et que la loi ne le leur défend pas.

De même, si le bailleur se contente de faire valoir son privilége pour les termes déjà échus, et renonce aux loyers à échoir ; si les créanciers n'exigent pas, comme ils le peuvent, la continuation du bail, il est évident qu'il ne peut y avoir lieu à relocation, puisque dès maintenant le bail est résolu.

Section III. — De l'exécution du gage.

La conséquence nécessaire du privilége du bailleur, c'est le droit, s'il n'est pas payé, de se saisir des meubles du locataire, de les vendre, et de se payer sur le prix ; c'est la saisie-exécution. Mais cette saisie n'est possible que si le bailleur est muni d'un titre exécutoire, d'un bail notarié, ou d'un jugement de condamnation contre le locataire. A défaut de titre exécutoire, il doit poursuivre le débiteur en justice, obtenir sa condamnation, s'il le peut ; et c'est alors seulement qu'il pourra l'exécuter. Mais pendant cet intervalle, les meubles peuvent disparaître, et la revendication se trouvera souvent impuissante, parce qu'on ne saura pas quel est le possesseur de l'objet qui a disparu. C'est pour empêcher cette disparition du gage pendant l'instance, qu'il a été imaginé ce que l'on appelle la saisie-gagerie.

Cette saisie n'est pas une voie exécutoire ayant pour objet la vente du gage ; c'est une simple mesure de précaution, empruntée à l'ancien droit, qui s'en servait aussi pour empêcher les meubles de se soustraire au droit du bailleur (C. de Paris, art. 86, 161, 171). — Elle diffère de la saisie-exécution sous d'autres rapports : 1° Elle peut être faite sans titre exécutoire ; — 2° Elle ne doit ni ne peut être précédée d'un commandement. Il est vrai que l'art. 819, C. Proc., paraît dire le contraire ; mais évidemment le mot commandement, qu'il emploie, veut dire ici sommation, puisque le commandement ne peut être fait qu'en vertu d'un titre exécutoire, et que la saisie-gagerie ne se produit que lorsque le bailleur n'en a pas. On objecte que l'art. 819 a voulu faire une exception, permettre un commandement sans titre exécutoire ; mais on a répondu avec raison que la loi ne peut pas changer la nature des choses ; qu'elle peut sans doute donner à une sommation les effets d'un commandement ; mais qu'il lui est impossible de faire qu'il y ait commandement sans titre exécutoire, puisque le commandement sans titre exécutoire s'appelle une sommation. C'est donc sommation que la loi veut dire.

La saisie-gagerie peut être faite un jour après la sommation ; on pourra même, en cas d'urgence, s'adresser au président du tribunal de première instance pour obtenir que ce délai soit abrégé. Elle se fera dans les mêmes formes que la saisie-exécution — (art. 821, — 583 et s. Proc.)

Le droit de saisir-gager les meubles de son locataire est attaché à la qualité du bailleur, sans distinguer s'il est propriétaire de l'immeuble, usufruitier, ou locataire principal. Un arrêt de Grenoble du 30 janv. 1864 (Sir. 64. 2. 195.) décide que la saisie-gagerie n'appartient qu'au propriétaire actuel de l'immeuble, et qu'on ne peut plus l'exercer, même pour loyers échus, si l'on a cessé d'être propriétaire. La décision est bonne, mais elle est mal motivée ; ce n'est pas la perte de la propriété qui enlève le droit de saisir-gager, puisque ce droit resterait à l'ex-propriétaire s'il s'était réservé l'usufruit ; c'est que la vente qu'il a conclue lui a enlevé du même coup la possession des meubles, son privilége et sa qualité de bailleur, pour en investir l'acheteur de l'immeuble (art. 1743.)

Le droit de saisie-gagerie ne peut comprendre de meubles que jusqu'à concurrence des « loyers échus » (art. 819 Proc.) il est donc moins large que le privilége qui comprend les loyers à échoir. Cette disposition sera assez difficile à appliquer ; la saisie-gagerie est souvent une mesure d'urgence, et l'on n'aura guère le temps d'évaluer les objets que l'on saisit. D'ordinaire on saisira tous les meubles, sauf au locataire le droit d'obtenir dégrèvement.

La saisie-gagerie ne donne pas au créancier saisissant le droit de vendre les meubles ; elle ne peut remplacer la saisie-exécution, mais elle la facilite singulièrement. La saisie opérée devra être approuvée en justice et le jugement qui la validera servira au saisissant de titre exécutoire. Le jugement signifié, la saisie-exécution se trouvera faite, sans autres frais ni formalités, et dans la huitaine on pourra procéder à la vente des meubles. (art. 613 — 617 et S. Proc.)

Aux termes de l'art. 450 du Code de commerce, la vente ne pourra avoir lieu, en cas de faillite, dans les trente jours qui suivent le jugement déclaratif. Ce délai ne concerne que le mobilier commercial et il s'applique, comme dit l'article, « sans préjudice des droits qui seraient acquis au propriétaire, de reprendre possession des lieux loués. » Cette restriction vise plusieurs hypothèses : Le cas où la résiliation a été prononcée avant le jugement déclaratif, bien qu'elle n'ait pas été suivie de la reprise de possession ; — le cas où il a été stipulé que, faute de payement, la résolution aurait lieu de plein droit, et où la sommation est antérieure au jugement déclaratif. — Mais si la demande en résiliation était antérieure au jugement déclaratif, sans qu'il eût été statué sur cette demande avant le jugement, il serait fort douteux que la même décision fût applicable. Sans doute les effets du jugement remontent au jour de la demande, mais ici le juge n'est pas forcé de prononcer la résiliation, et il peut toujours accorder des délais.

La vente faite, il faudra répartir entre les créanciers du locataire la somme d'argent qu'elle aura produit ; c'est le règlement de l'ordre dont nous devons dire quelques mots.

Supposons d'abord un conflit entre le bailleur et le vendeur, non payé, des meubles qui garnissent la maison ; lequel l'emportera de ces deux priviléges ? La réponse est faite dans l'art. 2102 lui-même (n° 4). Si le bailleur réunit les deux conditions de l'art 2279, la possession des meubles et la bonne foi, il primera le vendeur ; il sera primé si l'une de ces conditions lui manque.

Un conflit peut encore s'élever entre le bailleur et l'un des privilégiés généraux de l'art. 2101 ; la situation est encore réglée par la loi. L'art. 662 du C. de procédure décide que la créance du bailleur passera avant les frais de justice, et, comme ce privilége est le premier de tous ceux de l'art. 2101, dans l'ordre de préférence, on peut en conclure que le bailleur les prime tous. Cela n'a rien que de logique. La raison qui fait préférer à tous autres la créance pour frais de justice, c'est qu'elle a pour but l'utilité de tous, qu'elle liquide et conserve le gage commun. Ce privilége, que la loi appelle général, est au contraire spécial sous tous les rapports. Il ne grève pas tout le patrimoine du débiteur, mais seulement le prix des objets qui ont été transformés en argent grâce à ces frais de justice : il n'est pas opposable à tous les créanciers, mais seulement à ceux dont il a fait l'affaire, à ceux qui n'avaient que ce moyen pour arriver à la liquidation de leur gage. Mais le bailleur est dans une tout autre situation ; pour arriver à la vente des meubles nous savons qu'il a des moyens autrement expéditifs, et qu'en cas d'urgence, il lui suffit d'une ordonnance de référé délivrée par le président du tribunal ou le juge de paix. Voilà pourquoi les frais de justice ne lui sont pas opposables.

Il peut encore y avoir conflit entre le bailleur et un vendeur non payé d'instruments, machines ou ustensiles destinés à monter une usine dans l'immeuble loué. Cette fois encore le bailleur l'emportera ; le § de l'art. 2102, qui paraît dire le contraire, ne concerne que les ustensiles agricoles et le bail à ferme. Ici les instruments et ustensiles sont des meubles, dans le sens du § 4, et nous avons déjà dit que, sur le prix de ces meubles, le bailleur de bonne foi prime le vendeur.

APPENDICE.

L'énormité du privilége accordé au bailleur par l'art. 2102, interprété par la jurisprudence, ses effets désastreux au cas de faillite, ont déterminé l'intervention du législateur, et un projet de loi élaboré par le Conseil d'État, a été présenté au Corps Législatif pour y être ajouté à l'art. 550 du Code de commerce ; en voici le texte.

« Le privilége établi par l'art. 2102 n° 1. du C. Nap. au profit du propriétaire, ne s'applique, en cas de faillite, lorsque les baux sont authentiques, où qu'étant sous signature privée ils ont date certaine, au prix du bail des boutiques, magasins et autres locaux servant, soit à l'exercice du commerce ou de l'industrie, soit au logement du failli dans le même immeuble, que pour les termes échus *et a échoir pendant deux ans* à partir du terme qui suit le jugement déclaratif de faillite ; il s'applique également à l'indemnité due pour réparations locatives, pour réparations et travaux stipulés au contrat, et, s'il y a lieu, pour tous dommages-intérêts résultant de l'inexécution du bail.

» Les créanciers du failli ont le droit de s'opposer à la demande en résiliation qui serait formée par le propriétaire, à la charge par eux :

» De payer les loyers échus ;

» De garnir ou de faire garnir les lieux loués d'effets mobiliers suffisants pour garantir le paiement du loyer pendant une année ;

» De consigner une somme égale au prix du bail pendant deux ans et aux indemnités qui pourraient être dues pour réparations locatives et pour réparations et travaux stipulés au contrat.

» La somme ainsi consignée ne pourra être retirée par les créaciers tant que le bail continuera à être exécuté, et sera affectée par privilége à la garantie des loyers, indemnités et dommages-intérêts qui pourraient être dus au propriétaire.

« Le privilége et le droit de revendication établis par le n° 4 dudit article 2102, au profit du vendeur d'effets mobiliers, ne seront pas admis en cas de faillite. »

Délibéré et adopté par le Conseil d'État dans sa séance du 11 décembre 1867.

Présenté au Corps législatif le 26 décembre.

(*Gazette des tribunaux* du 28 déc. 1867.)

Le projet ne s'occupe que du cas de faillite, et il réduit à la fin de l'année courante, et aux deux années qui suivent, le privilége qui, auparavant, garantissait tous les loyers à échoir. La réforme est bonne, mais il y a mieux à faire; car, dans tous les cas autres que la faillite, la même loi que l'on a trouvée mauvaise, puisqu'on la réforme, continue de subsister. Il suffisait de faire une loi interprétative, imposant à la Cour de Cassation la théorie juridique de la Cour de Paris; celle qui reconnaît le caractère conditionnel aux créances nées du contrat de louage; théorie seule vraie, qui tous les jours gagne du terrain et ne peut manquer de prévaloir.

Le projet restreint le privilége à trois années dans l'avenir, en comptant pour une l'année courante; quelle peut être la base juridique de cette restriction? Aurait-on voulu proclamer que, dans le cas de faillite, la dette du locataire est conditionnelle, et le privilége des trois années à échoir ne serait-il que la fixation de l'indemnité due par le locataire pour résiliation anticipée du bail? C'est peu probable, puisque le projet ajoute qu'il faut comprendre dans le privilége des dommages-intérêts pour l'inexécution du bail. D'ailleurs, pouvait-on rendre la dette conditionnelle en cas de faillite, et la laisser à terme dans toute autre circonstance?

La créance du bailleur est donc restée, même au cas de faillite, une créance à terme. Dès lors, la restriction du projet ne s'explique plus; elle peut être utile, mais elle n'est nullement juridique. C'est le sort de tous les priviléges de nuire aux créanciers et de profiter à celui dont ils favorisent le droit; ils n'ont que cette raison d'être, et il est absurde de refuser de les appliquer parce qu'ils causent un préjudice à certains créanciers, puisqu'il est impossible qu'ils profitent aux uns sans nuire aux autres. C'est là cependant ce que fait le projet de loi; il reconnaît que le bailleur est créancier à terme des loyers à échoir; il reconnaît que la faillite rend les créances à terme immédiatement exigibles, et cependant il restreint le privilége à moins de trois années à échoir. Le surplus des termes à échoir n'en est pas moins immédiatement exigible, puisqu'il continue d'être une créance à terme régie par l'art, 1188, C. Nap.; il n'en est pas moins compris dans la formule de l'art. 2102, qui désigne l'objet du privilége : « Tout ce qui concerne l'exécution du bail; » malgré tout, il n'est pas privilégié. — Nous avons donc une dette unique, tout entière actuellement exigible, dont une partie est privilégiée, l'autre chirographaire, sans qu'il y ait aucune raison de faire ce partage, si ce n'est l'intérêt des autres créanciers.

Cette dérogation à tous les principes du droit est trop manifeste pour qu'on y voie autre chose qu'un premier pas vers la doctrine de la Cour de Paris. Par égard pour le bailleur, on n'a pas voulu l'admettre du premier coup ; on a ménagé la transition, mais la solution est fatale, parce qu'elle est juste et juridique, et elle s'imposera, bientôt peut-être, à ses adversaires les plus obstinés.

POSITIONS.

I. Le locataire est responsable des dégradations commises par ses esclaves, ou par les personnes qu'il a reçues chez lui. — Il répond de l'incendie, s'il ne prouve qu'il est exempt de faute (pages 17 et 19).

II. L'action directe du bailleur contre le sous-locataire a son fondement dans une convention tacite présumée (p. 33).

III. Le nouveau bail, résultant de la tacite reconduction, est à terme si l'ancien était écrit, sans terme s'il était verbal (p. 36).

IV. Il ne me paraît pas juridique de décider, comme le fait la loi 4 au Digeste (*de Loc. Cond.*), que le bail ainsi fait : pour tant qu'il plaira au bailleur, doive être résolu par la mort de ce dernier (p. 40).

V. Si la maison louée vient à être léguée par le bailleur, le locataire peut en profiter pour rompre le bail sans être tenu d'aucune indemnité; tandis qu'en pareille circonstance, si le bail était rompu par le légataire, le locataire pourrait demander des dommages à l'héritier (p. 42).

VI. La loi 6 (*In quib. Caus. D.*) qui paraît permettre au débiteur de diminuer le gage de son créancier, s'explique par l'idée que l'hypothèque du bailleur grève, non pas des corps certains, mais une *universitas* (p. 54).

VII. Le *locator* d'un *prædium urbanum* n'avait pas l'interdit Salvien (p. 63).

VIII. Il n'avait pas non plus l'interdit *uti possidetis* (p. 65).

DROIT FRANÇAIS.

I. La preuve de l'existence d'un bail, non encore exécuté, ne peut être faite par témoins, même si l'on produit un commencement de preuve par écrit (page 76).

II. La preuve de l'exécution du bail est soumise aux mêmes règles que celle de son existence (p. 78).

III. Le bail de plus de dix-huit ans, passé après la vente de l'immeuble, n'est pas opposable à l'acheteur, alors même qu'il est transcrit avant la transcription de la vente (p. 84).

IV. Le bail à loyer ne donne au preneur aucun droit réel sur l'immeuble, mais une simple créance de jouissance contre son bailleur (p. 90). — L'art. 1743 s'explique par une subrogation virtuelle (p. 146).

V. En cas de conflit entre preneurs successifs du même immeuble, le preneur qui a été mis en possession doit être préféré même à celui dont le bail a date certaine antérieure (p. 99).

VI. Les obligations qui naissent du bail sont réciproquement conditionnelles (p. 103 et 182).

VII. L'héritier, nu-propriétaire d'un immeuble, ne peut empêcher le légataire d'usufruit de s'entendre avec le locataire, pour rompre le bail passé autrefois avec le défunt; cette résolution lui est opposable (p. 149).

VIII. Dans le cas où le bail n'a pas date certaine, le privilége ne comprend que l'année courante et celle qui suit (p. 169). — Il ne comprend les avances que si elles sont faites en exécution d'une clause du bail (p. 173).

IX. La revendication de l'art. 2102 repose sur l'idée d'un vol de la possession (p. 163).

X. Le droit de relocation comprend toutes les annuités dont le payement a été fait d'avance, mais ne comprend qu'elles (p. 187).

DROIT COMMERCIAL.

I. Il est contraire au droit et à la justice d'obliger les créanciers du locataire failli, au payement ou à la consignation immédiate de tous les loyers à échoir. — Une caution devrait suffire ou toute autre garantie sérieuse du payement des loyers à leur echéance ; le bailleur n'y perdrait rien et les créanciers pourraient échapper à une ruine, aujourd'hui souvent inévitable (p. 178 et suiv.).

II. Ni l'indemnité allouée par la compagnie d'assurances, en cas de destruction de l'immeuble, — ni celle accordée par le jury d'expropriation, ne sont frappées par le privilége du bailleur (p. 153).

PROCÉDURE.

I. Le commandement dont parle l'art. 819, C. Proc., est une sommation; un commandement ne serait pas pas possible (p. 189).

II. En cas de saisie de l'immeuble loué, régler le conflit de l'art. 684, C. Proc., avec l'art. 3 de la loi du 23 mars 1855 (p. 88).

DROIT CRIMINEL.

I. Les préfets n'ont pas le droit d'ouvrir les lettres confiées à la poste hors le cas de flagrant délit.

II. En matière criminelle, le désistement signifié emporte abandon, non pas seulement de la procédure, *mais du droit.*

DROIT INTERNATIONAL ET DES GENS.

I. L'omission des publications, en France, du mariage d'un Français célébré à l'étranger, ne suffit pas pour autoriser la demande en nullité de l'art. 191, C. Nap.

II. La femme étrangère mariée a une hypothèque légale sur les biens de son mari situés en France, toutes les fois que cette hypothèque lui est accordée par sa loi nationale.

III. Les objets de contrebande de guerre, capturés

par l'une des parties belligérantes sur un navire neutre, lui sont acquis de droit, sans indemnité.

HISTOIRE DU DROIT.

I. La Censive a son origine dans les habitudes de la clientèle romaine ; elle a pour caractère une concession de terre révocable à volonté. — Le Fief remonte à la clientèle germanique, à cette sorte d'anoblissement qui résultait de l'admission parmi les fidèles ou leudes du roi. Plus tard, une concession de terre l'accompagne, qui, vers le XIe siècle, devient le fief.

II. L'institution du Douaire eut pour but de compenser l'inégalité du régime matrimonial primitif ; il disparut à mesure que se généralisa le régime de communauté.

DROIT ADMINISTRATIF.

I. On n'a pas d'action contre l'officier public qui refuse de délivrer un passeport.

II. Les tribunaux ordinaires sont compétents pour statuer sur les contestations relatives aux bois des particuliers, alors même qu'il s'agit de juger si le pâturage est nécessaire à une commune. Conflit des art. 64, 120, 121 du Code forestier.

Le Président de la thèse,

E. MACHELARD.

Vu :

Le Doyen de la Faculté,

COLMET DAAGE.

Vu :

L'Inspecteur général délégué,

CH. GIRAUD.

Vu et permis d'imprimer :

Le Vice-Recteur de l'Académie de Paris,

A. MOURIER.

www.ingramcontent.com/pod-product-compliance
Ingram Content Group UK Ltd.
Pitfield, Milton Keynes, MK11 3LW, UK
UKHW022016170726
13837UKWH00001B/217